GUÍA PRÁCTICA DE CONVERSACIÓN

Español - Francés

EDITORIAL
arguval

Portada e ilustraciones:
Luis Ojeda

C/ Amelia de la Torre, 13
29196 MÁLAGA
I.S.B.N.: 978-84-89672-15-4
Depósito legal: MA-129-2008

Impreso en España - Printed in Spain
Imprime Top Printer

ÍNDICE

Continuando con la Colección de Guías de Conversación que iniciamos con las de Inglés-Español y Español-Inglés y proseguimos con las Alemán-Español y Español-Alemán, aparecen ahora las de Francés-Español y Español-Francés.

Seguirán en breve las de Ruso-Español y Español-Ruso y las de Italiano-Español y Español-Italiano.

La única pretensión de la Editorial es que realmente sean una una guía práctica y de ayuda efectiva, sin plantearse nunca estudios profundos que quedarían para otras colecciones y otras intenciones editoriales. No ha sido nuestro objetivo hacer un tratado de lingüística de los diferentes idiomas, sino más bien ofrecer una recopilación de frases hechas, que se repiten en nuestras vacaciones, viajes de negocios o en nuestros desplazamientos a través del mundo.

El Editor

PRONUNCIACIÓN FIGURADA

Aunque hay fonemas franceses sin equivalente en español, en la pronunciación figurada que aparece en esta Guía se ha evitado todo símbolo fonético o letra que pudiera representar un obstáculo a la hora de leer con rapidez.

Nuestro sistema de pronunciación figurada está basado, pues, en comparaciones de los sonidos del francés con los del español. Aun siendo conscientes de la falta de exactitud que, en determinadas ocasiones, conlleva este sistema, hemos optado por él a fin de conseguir un manual sencillo y al alcance de todos.

Son ajenos a nuestro sistema fonológico los siguientes sonidos franceses:

Sonidos vocálicos:

u	Se disponen los labios como para pronunciar *u* y, sin moverlos, se articula una *i* dentro de la boca.
e	Tiene un sonido oscuro, intermedio entre *o* y *e*. No se pronuncia al final de palabra.
è, ê	Su sonido se aproxima al de la *e* de la palabra *ley*, pero abriendo mucho más la boca al emitirlo.

Diptongos:

ai, ei	Como una *e* alargada y abierta.
au, eau	Como una *o* alargada.
eu	Como una *e* oscura, es un sonido intermedio entre *e* y *o*.
oi	Como *ua*.
ou	Como la *u* española.

Consonantes:

ch	Sonido intermedio entre *s* y *ch,* representado como *sh.*
j, ge, gi	Sonidos similares a la *y* de *cónyuge*, pero alejando la lengua de los dientes. Lo representamos como *sh.*
r	Es un sonido gutural, muy próximo a la *g* española en *galgo.*
s	Entre vocales, es un sonido sonoro similar al de la *s* en *rasgo.*
v	Se pronuncia apoyando los dientes en el labio inferior.

Los tres tipos de **acentos** gráficos (´/ `/ ^) no indican el acento tónico de las palabras francesas. Éste recae siempre sobre la última sílaba, si no es muda -en cuyo caso, recae sobre la penúltima.

BREVES NOCIONES GRAMATICALES

1. ARTÍCULOS

Artículo determinado	**Artículo indeterminado**
le, l' (el)	*un* (un)
la, l' (la)	*une* (una)
les (los, las)	*des* (unos, unas)

* La forma *l'* se usa cuando el sustantivo que sigue empieza por vocal o h muda: *l'animal, l'histoire.*

Contracciones: Las preposiciones *à* y *de* se contraen con el artículo determinado masculino, formando las palabras siguientes:

au: al	*aux*: a los, a las
du: del	*des*: de los, de las

Artículo partitivo

No tiene equivalencia en español. Se usa ante sustantivos cuando se quiere indicar sólo una parte o cierta cantidad indeterminada de la cosa de que se habla. Tiene cuatro formas: *du, de la, de l', des.*
Il a du papier/de la patience/de l'encre/des dents. (Tiene papel, paciencia, tinta, dientes).

En oraciones negativas estas formas se convierten en: *de, d'.*
Il n'a pas de papier/patience/d'encre/de dents. (No tiene papel, paciencia, tinta, dientes).

2. NOMBRES

En francés, al igual que en español, existen dos géneros gramaticales: masculino y femenino. En muchos casos, coinciden con los del castellano, aunque hay excepciones importantes: *le nez* (la nariz), *la montre* (el reloj), *le lit* (la cama), *le beurre* (la mantequilla), *le lait* (la leche).

Formación del femenino. Generalmente, se forma añadiendo una *e* muda al masculino: *ami, amie* (amigo, amiga).

Casos especiales:

Los terminados en *-e,* no varían o toman *-esse (tigre, tigresse).* Si acaban en *-n, -t,* lo forman con *-nne, -tte (lion, lionne; chat, chatte).* Si la terminación es *-er*, toman *-ère (étranger, étrangère).* Lo hacen en *-trice* los acabados en *-teur (acteur, actrice)*; en *-euse*, los que terminan en *-eur (coiffeur, coiffeuse).* Cuando terminan en *-f, -p,* forman el femenino en *-ve (veuf, veuve; loup, louve).*
Otros tienen formas diferentes: *père, mère; Monsieur, Madame; garçon, fille; frère, soeur.*

Formación del plural. Se añade una *s* al singular: *ville, villes; soeur, soeurs.*

Casos especiales:

Si terminan en *-s, -x, -s,* no varían: *noix* (nuez, nueces); *nez* (nariz, narices); *fils* (hijo, hijos). Si terminan en *-al, -ail,* toman *-aux*: *journal, journaux; travail, travaux.* Si la terminación es *-au, -eu,* añaden *-x: bateau, bateaux; jeu, jeux.*

3. ADJETIVOS CALIFICATIVOS

Concuerdan con el sustantivo al que acompañan en género y número. No hay reglas para determinar el lugar del adjetivo calificativo. Sin embargo, generalmente la palabra más corta suele ir delante: *une belle rose/une rose superbe.*

Para formar **el femenino**, añaden una *e* muda al masculino: *poli, polie; grand, grande; noir, noire.*
Son casos especiales los acabados en *-e*, que no varían: *jeune* (joven). Si terminan en *-l, -n, -t*, lo hacen en *-lle, -nne, -tte (bon, bonne; violet, violette; cruel, cruelle).* Los acabados en *-x*, lo forman con *-se (heureux, heureuse);* en *-ère*, los terminados en *-er (premier, première).* Las terminaciones en *-ch* son para los adjetivos acabados en *-c (blanc, blanche; public, publique)* y *-ve*, para los masculinos en *-f (neuf, neuve).*

Algunos tienen formas diferentes: *beau, belle; nouveau, nouvelle; fou, folle; vieux, vieille.*

Formación del plural. Siguen las mismas reglas que los sustantivos.

Grados de comparación:

De igualdad: *aussi ... que* (tan ... como)
De inferioridad: *moins ... que* (menos ... que)
De superioridad: *plus ... que* (más ... que)

Superlativos:

Relativo: *le/la/les plus ...* (el/la/los/las más ...)
Absoluto: *très ...* (muy ...)

4. PRONOMBRES

PRONOMBRES PERSONALES

je (yo)	*me* (me)	
tu (tú)	*te* (te)	
il (él)	*le* (lo, le)	*lui* (le)
elle (ella)	*la* (la)	*lui* (le)
nous (nosotros)	*nous* (nos)	
**vous* (vosotros, usted, ustedes)	*vous* (os, le, les)	
ils (ellos)	*les* (los, les)	*leur* (les)
elles (ellas)	*les* (las)	*leur* (les)

* Usted y ustedes se traducen por *vous*, cuyo régimen sigue.

En español, el pronombre sujeto se sobreentiende casi siempre; en cambio, en francés es preciso expresarlo siempre (excepto en las formas del Imperativo): *je travail, tu lis* (trabajo, lees).

Como complemento de preposición, los pronombres personales toman las siguientes formas: *moi* (mí), *toi* (ti), *lui* (él), *elle, nous, vous, eux* (ellos), elles: *pour moi* (para mí), *avec eux* (con ellos), *sans lui* (sin él).

PRONOMBRES REFLEXIVOS

me, te, se, nous, vous, se (me, te, se, nos, os, se).
Je me lave, vous vous lavez (Me lavo, os laváis).

ADJETIVOS Y PRONOMBRES POSESIVOS

Los adjetivos posesivos concuerdan en género y número con el nombre a que se refieren: *mon crayon, ma tante* (mi lápiz, mi tía).

mon	*ma*	*mes*	(mi, mis)
ton	*ta*	*tes*	(tu, tus)
son	*sa*	*ses*	(su, sus -de él, de ella-)
notre	*notre*	*nos*	(nuestro/a/os/as)
votre	*votre*	*vos*	(vuestro/a/os/as; su, sus -de Vd., de Vds.-)
leur	*leur*	*leurs*	(su, sus -de ellos/ellas-)

Por razón de eufonía, delante de nombres femeninos que empiezan por vocal o h muda se usan las formas masculinas *mon, ton, son* en lugar de las correspondientes *ma, ta, sa*: *mon amie, ton idée, son histoire* (mi amiga, tu idea, su historia).

Pronombres posesivos

le mien, la mienne, les miens, les miennes (mío/a/os/as)
le tien, la tienne, les tiens, les tiennes (tuyo/a/os/as)
le sien, la sienne, les siens, les siennes (suyo/a/os/as)
le nôtre, la nôtre, les nôtres (nuestro/a/os/as)
le vôtre, la vôtre, les vôtres (vuestro/a/os/as)
le leur, la leur, les leurs (suyo/a/os/as)

ADJETIVOS Y PRONOMBRES DEMOSTRATIVOS

Adjetivos

Las formas *ce, cet*, cette, ces* equivalen a los tres grados de proximidad o lejanía del castellano: este, ese, aquel. Son a menudo reforzados por *ci* o *là*, que se colocan detrás del nombre y le aportan la idea de proximidad o lejanía: *ce chapeau-ci* (este sombrero), *ce chapeau-là* (aquel sombrero).

* Se usa *cet* delante de palabra masculina que comience por vocal o h muda.

Pronombres

celui, celle, ceux, celles (éste, ésta, éstos, éstas)
celui-ci, celle-ci, ceux-ci, celles-ci (ése, ésa, ésos, ésas)
celui-là, celle-là, ceux-là, celles-là (aquél, aquélla, aquéllos, aquéllas)

Son **pronombres neutros**: **ce* (lo, eso, aquello), *ceci* (esto), *cela* (eso, aquello).

* *Ce*, como sujeto neutro del verbo être (ser), no se traduce en español: *C'est mon frère* (Es mi hermano).

PRONOMBRES RELATIVOS

qui (quien/es, que) *que* (que)
quoi (que, lo que, lo cual) *dont* (cuyo/a/os/as)

lequel, laquelle, lesquels, lesquelles (el/la cual, los/las cuales) concuerdan con el antecedente en género y número.

ADJETIVOS Y PRONOMBRES INTERROGATIVOS

qui (¿quién?)
que, quoi (¿qué?)
quel, quelle, quels, quelles (¿cuál/es?)

ADJETIVOS Y PRONOMBRES INDEFINIDOS

Adjetivos y pronombres

aucun/e (ningún/a)
autre/s (otro/a/os/as)
certain/e (cierto/a)
chaque (cada)
nul, nulle (ningún/a)
même/s (mismo/a/os/as)
plusieurs (varios/as)
quelque/s (algún/a/os/as)
tel, telle, tels, telles (tal/es)
tout/e, tous, toutes (todo/a/os/as)

Pronombres

chacun/e (cada uno/a)
l'un, l'autre (el uno, el otro)
on (se, uno)
personne (nadie)
quelqu'un (alguien)
quelque chose (algo)
quiçonque (cualquier)
rien (nada)

5. ADVERBIOS

de tiempo

alors (entonces)
après (después)
après-demain (pasado mañana)
avant (antes)
avant-hier (anteayer)
aujourd'hui (hoy)
aussitôt (en seguida)
bientôt (pronto)
d'abord (primero, antes)
déjà (ya)
demain (mañana)
encore (todavía)
hier (ayer)
jamais (nunca)
longtemps (mucho tiempo)
tard (tarde)
tôt (temprano, pronto)
tout de suite (en seguida)

de lugar

autour (alrededor)
dedans (dentro)
dehors (fuera)
derrière (detrás)
dessous (debajo)
dessus (encima)
devant (delante)
ici (aquí)
là (ahí, allí)
là-haut (allí arriba)
là-bas (allí abajo)
à droite (a la derecha)
à gauche (a la izquierda)
loin (lejos)
où (donde)
partout (por todas partes)
près (cerca)
y (allí)

de frecuencia

toujours (siempre)
souvent (a menudo)
de temps en temps (de vez en cuando)
jamais (nunca)
parfois (a veces)
quelquefois (alguna vez)

de afirmación/negación

oui (sí)	*non* (no)
si (sí)	*ne, pas* (no -con verbos-)
vraiment (de verdad)	*point* (no)
bien sûr (por supuesto)	*pas du tout* (en absoluto)

de cantidad

assez (bastante)	*moins* (menos)
beaucoup (mucho)	*tant* (tanto)
guère (apenas)	*très* (muy)
peu (poco)	*trop* (demasiado)
plus (más)	*rien* (nada)

interrogativos

comment? (¿cómo?)	*pourquoi?* (¿por qué?)
où? (¿dónde?)	*quand?* (¿cuándo?)
combien? (¿cuánto/a/os/as?)	

de modo

ainsi (así)	*mieux* (mejor)
bien (bien)	*peu à peu* (poco a poco)
ensemble (juntos)	*vite* (deprisa)
mal (mal)	*volontiers* (con mucho gusto)

Muchos de ellos se forman añadiendo al adjetivo la terminación *-ment*: *poli, poliment; lente, lentement.*

6. PREPOSICIONES

à (a, de)
avec (con)
chez (en casa de)
contre (contra)
dans (en, dentro de)
de (de)
depuis (desde)
dès (desde)
en (en, a, de)
entre (entre)
hors (excepto)
malgré (a pesar de)
par (por)
parmi (entre)
pendant (durante)
pour (para)
sans (sin)
sauf (excepto)
selon (según)
sous (bajo)
sur (sobre)
vers (hacia)

7. CONJUNCIONES

aussi (también)
car (pues)
cependant (no obstante)
comme (como)
donc (pues, luego)
et (y)
lorsque (cuando)
mais (pero)
néanmoins (sin embargo)
parce que (porque)
presque (casi)
puisque (ya que)
quand (cuando)
que (que)
quoique (aunque)
ou (o)

8. VERBOS

Los verbos franceses, según sus terminaciones, se clasifican en tres grupos:

1. en **-ER**. Es el más numeroso. Todos son regulares, excepto *aller* y *envoyer.*
2. en -**IR**. Forman el gerundio en *-issant*.
3. Es la llamada conjugación "muerta", constituida por verbos con las terminaciones: **-OIR, -RE** y los acabados en **-IR**, cuyo gerundio termina en *-ant*.

Contrariamente a lo que ocurre en castellano, es obligatorio el empleo del pronombre personal junto al verbo para indicar la persona: *je chante, nous chantons*.

Forma negativa. Se construye con *NE* (delante del verbo) y **PAS* (detrás del verbo en los tiempos simples y detrás del auxiliar en los tiempos compuestos): je *ne* parle *pas* (no hablo), je **n'*ai *pas* parlé (no he hablado).
* *PAS* no se emplea si hay otra partícula negativa en la frase: je *ne* reçois *rien* (no recibo nada).
* Se utiliza el apócope *n'* delante de vocal.

Forma interrogativa. Hay dos formas de construirla:
a. Interrogación directa: Es la forma más correcta. Consiste en la inversión del pronombre, que se coloca detrás del verbo: *As-tu* froid? (¿Tienes frío?). En los tiempos compuestos, el sujeto se coloca entre el auxiliar y el participio: *As-tu eu* froid? (¿Has tenido frío?). En ambos casos, el pronombre se une al verbo con un guión.
* Si en 3ª persona singular el verbo termina en vocal, se intercala entre dicho verbo y el pronombre una -t- eufónica: *A-t-il* froid?, *Chante-t-elle?*
* Cuando el sujeto de la frase es un sustantivo, éste se coloca en cabeza de la oración y luego el verbo, seguido

del pronombre correspondiente de la 3ª persona: Pierre *a-t-il* froid?

b. Interrogación indirecta: Se forma con el giro *Est-ce que* antepuesto a la forma afirmativa: *Est-ce que tu as* froid? (¿Tienes frío?).

* En todos los casos, el signo de interrogación se coloca solamente al final de la frase.

VERBOS REGULARES

Presente

chant/e, -es, -e, -ons, -ez, -ent
fin/is, -is, -it, -issons, -issez, -issent

Imperfecto

chant/ais, -ais, -ait, -ions, -iez, -aient
fin/issais, -issais, -issait, -issions, -issiez, -issaient

Futuro

chant/erai, -eras, -era, -erons, -erez, -eront
fin/irai, -iras, -ira, -irons, -irez, -iront

TIEMPOS COMPUESTOS: Se utiliza AVOIR como auxiliar de todos los verbos transitivos y de la mayoría de los intransitivos y los impersonales. Se usa ÊTRE, además de la voz pasiva, para los verbos pronominales y algunos intransitivos que indican cambio de lugar o estado.

El **participio** concuerda en género y número con el sujeto del verbo cuando el auxiliar es *être*: *Elles sont arrivées* (Ellas han llegado); cuando el auxiliar es *avoir*, concuerda con el complemento de objeto colocado delante del verbo. Si no hay objeto directo o si está detrás del verbo, es invariable: Il *a vu* sa cousine/il *l'a vue* (Ha visto a su prima/la ha visto).

Los participios tienen las terminaciones *-é* (para los verbos del primer grupo), *-i* (para los del segundo) y

-s/-t/-i/-u (para los del tercero): *chanté, fini, mis, peint, servi, connu.*

VERBOS IRREGULARES

AVOIR (tener, haber)

Pres. *j'ai, tu as, il/elle a, nous avons, vous avez, ils/elles ont*

Imp. *j'avais, tu avais, il/elle avait, nous avions, vous aviez, ils/elles avaient*

Fut. *j'aurai, tu auras, il/elle aura, nous aurons, vous aurez, ils/elles auront*

ÊTRE (ser, estar)

Pres. *je suis, tu es, il/elle est, nous sommes, vous êtes, ils/elles sont*

Imp. *j'étais, tu étais, il/elle était, nous étions, vous étiez, ils/elles étaient*

Fut. *je serai, tu seras, il/elle sera, nous serons, vous serez, ils/elles seront*

ALLER (ir)

Pres. *je vais, tu vas, il/elle va, nous allons, vous allez, ils/elles vont*

Imp. *j'allais, tu allais, il/elle allait, nous allions, vous alliez, ils/elles allaient*

Fut. *j'irai, tu iras, il/elle ira, nous irons, vous irez, ils/elles iront*

NÚMEROS

1. Un. *En*
2. Deux. *De*
3. Trois. *Truá*
4. Quatre. *Catr*
5. Cinq. *Senk*
6. Six. *Sis*
7. Sept. *Set*
8. Huit. *Uít*
9. Neuf. *Nef*
10. Dix. *Dis*

11. Onze. *Ons*
12. Douze. *Dus*
13. Treize. *Tres*
14. Quatorze. *Catórs*
15. Quinze. *Kens*
16. Seize. *Ses*
17. Dix-sept. *Disét*
18. Dix- huit. *Disuít*
19. Dix-neuf. *Disnéf*
20. Vingt. *Ven*

21. Vingt et un. *Venteén*
22. Vingt-deux. *Vendé*
23. Vingt- trois. *Ventruá*
24. Vingt-quatre. *Vencátr*
25. Vingt- cinq. *Vensénk*

30. Trente. *Trant*
40. Quarante. *Caránt*
50. Cinquante. *Sencánt*
60. Soixante. *Suasánt*
70. Soixante-dix. *Suasánt-dis*
80. Quatre-vingts. *Catr-vén*
90. Quatre-vingt-dix. *Catr-vén-dis*

100. Cent. *San*
200. Deux cents. *Dé-san*
300. Trois cents. *Truá-san*
400. Quatre cents. *Cátr-san*
500. Cinq cents. *Senk-san*
600. Six cents. *Si-sán*
700. Sept cents. *Set-san*
800. Huit cents. *Uí-san*
900. Neuf cents. *Nef-san*
1.000. Mille. *Mil*
2.000. Deux mille. *De míl*
5.000. Cinq mille. *Senk míl*
10.000. Dix mille. *Di míl*
100.000. Cent mille. *San míl*
1.000.000. Un million. *En milión*

1º. Premier. *Premié*
2º. Deuxième. *Desiém*
3º. Troisième. *Truasiém*
4º. Quatrième. *Catriém*
5º. Cinquième. *Senkiém*
6º. Sixième. *Sisiém*
7º. Septième. *Setiém*
8º. Huitième. *Uitiém*
9º. Neuvième. *Neviém*
10º. Dixième. *Disiém*

$^1/_2$. Demi(e). *Demí*
$^1/_4$. Un quart. *En car*

SALUDOS

Buenos días
Bonjour
Bonshúr

Buenas tardes
Bonsoir
Bonsuár

Buenas noches
Bonsoir
Bonsuár

Buenas noches
Bonne nuit
Bon nuí

Hola
Salut
Salí

Adiós
Au revoir
Orvuár

Hasta luego
À tout à l'heure
Atutalér

Hasta mañana
À demain
A demén

Hasta pronto
À bientôt
A biantó

¿Cómo está Vd.?
Comment allez-vous?
Comantalé-vu?

¿Cómo estás?
Comment vas-tu?
Comán va-tí?

¿Qué tal?	**Muy bien**	**Regular**
Comment ça va?	Très bien	Comme ci, comme ça
Comán sa va?	*Tré bián*	*Comsí, comsá*

Gracias	**Muchas gracias**	**¿Y usted?**
Merci	Merci beaucoup/ Merci bien	Et vous?
Mersí	*Mérsi bocú*	*E vu?*

¿Cómo está su/tu familia?
Comment va votre famille?
Comán va votr famíy?

Me alegro de verle
Je suis ravi(e) de vous voir
She suí raví de vu vuár

Recuerdos a ...
Vous saluerez de ma part ...
Vu salieré de ma par ...

Besos a los niños
Embrassez les enfants
Ambrasé lesanfán

PRESENTACIONES

Señor	**Señora**	**Señorita**
Monsieur	Madame	Mademoiselle
Mesié	*Madám*	*Madmuasél*

¿Cómo te llamas/se llama Vd.?
Comment t'appelles-tu/vous appelez-vous?
Comán tapél-ti/vusaplé-vu?

¿Cuál es tu/su nombre?
Quel est ton/votre nom?
Kelé ton/votr non?

Me llamo ...
Je m'appelle ...
She mapél ...

Éste es el Sr. ...
Voici Monsieur ...
Vuasí mesié ...

Ésta es la Sra. ...
Voici Madame ...
Vuasí madám ...

Le presento a ...
Je vous présente ...
She vu presánt ...

Quiero presentarle a ...
Je veux vous présenter ...
She ve vu presanté ...

¿Conoce ya al Sr. ...?
Est-ce que vous connaissez déjà Monsieur ...?
Ésske vu conesé deshá mesié ...?

Encantado/a
Enchanté(e)
Anshanté

¿Es Vd. el Sr. ... (la Sra. ...)?
Est-ce que vous êtes Monsieur ... (Madame ...)?
Ésske vusét mesié ... (madám ...)?

Sí, soy yo
Oui, c'est moi
Uí, sé muá

DATOS PERSONALES

Nombre	**Apellido**	**Edad**
Prénom	Nom	Âge
Prenón	*Non*	*Ash*
Estado civil	**Soltero/a**	**Casado/a**
État civil	Célibataire	Marié(e)
Etá sivíl	*Selibatér*	*Marié*
Divorciado/a	**Viudo/a**	**Profesión**
Divorcé(e)	Veuf/veuve	Profession
Divorsé	*Vef/vev*	*Profesión*
Dirección	**D.N.I.**	**Pasaporte**
Adresse	Carte d'identité	Passeport
Adrés	*Cart didantité*	*Paspór*

Fecha de nacimiento
Date de naissance
Dat de nesáns

Lugar de nacimiento
Lieu de naissance
Lié de nesáns

¿Cómo se llama Vd./te llamas?
Comment vous appelez-vous/t'appelles-tu?
Comán vusaplé-vu/tapél-ti?

¿Cuál es su/tu dirección?
Quelle est votre/ton adresse?
Kelé votr/tonadrés?

¿Dónde vive/vives?
Où habitez-vous/habites-tu?
U abité-vu/habít-ti?

¿De dónde es Vd.?/¿Cuál es su nacionalidad?
De quelle nationalité êtes-vous?
De kel nasionalité ét-vu?

¿Cuál es su/tu número de teléfono?
Quel est votre/ton numéro de téléphone?
Kelé votr/ton nimeró de telefón?

¿Cuántos años tiene/tienes?
Quel âge avez-vous/as-tu?
Kelásh avé-vu/a-ti?

Nací en ...
Je suis né(e) à ...
She suí né a ...

PREGUNTAS Y RESPUESTAS BREVES

¿Quién es? Qui est-ce? *Ki ess?*	**¿Qué es eso?** Qu'est-ce que c'est? *Kesskesé?*	**¿Dónde está?** Où est-ce? *U ess?*
¿Por qué? Pourquoi? *Purkuá?*	**¿Cuánto/-os/-as?** Combien? *Combián?*	**¿Cuál?** Quel/quelle? *Kel/kel?*
¿Seguro? Sûr? *Sir?*	**¿De verdad?** Vraiment? *Vremán?*	**¿Vale?** D'accord? *Dacór?*
Sí Oui *Uí*	**De acuerdo** D'accord *Dacór*	**Es verdad** C'est vrai *Sé vré*
Eso es C'est ça *Sé sa*	**Tiene Vd. razón** Vous avez raison *Vusavé resón*	**Depende** Ça depend *Sa depán*

No
Non
No

En absoluto
Pas du tout
Pa di tu

Nunca
Jamais
Shamé

Nada
Rien
Rián

Al contrario
Au contraire
O contrér

No creo
Je ne crois pas
She ne cruá pa

FRASES DE CORTESÍA

Muchas gracias
Merci beaucoup/
Merci bien
Mérsi bocú/
Mérsi bian

De nada
De rien/Pas
de quoi
De rián/Pa
de kuá

Por favor
S'il vous plaît
Silvuplé

Con mucho gusto
Volontiers/Avec plaisir
Volontié/Avéc plesír

Disculpe
Excusez-moi
Exkisé-muá

Perdón
Pardon
Pardón

Lo siento
Je regrette
She regrét

Lo lamento
Je suis désolé(e)
She suí desolé

¡Salud!
Santé!
Santé!

¡Suerte!
Bonne chance!
Bonn shans!

¡Enhorabuena!
Félicitations!/
Felisitasión!

¡Feliz cumpleaños!
Bonne anniversaire!
Bonn aniversér!

¡Que aproveche!
Bon appétit!
Bonapetí!

¡Bienvenido!
Bienvenu!
Bianvení!

Se lo ruego
Je vous en prie
She vusanprí

No importa
Ça ne fait rien
Sánfe rián

Aquí tiene
Voici
Vuasí

¿Puedo ayudarle?
Puis-je vous aider?
Puí-she vusedé?

Es Vd. muy amable
Vous êtes très aimable
Vusét trésemábl

No se moleste
Ne vous dérangez pas
Ne vu deranshé pa

Siento molestarle
Excusez-moi de vous déranger
Exkisé-muá de vu déranshé

***SVP** es la forma escrita abreviada de *s'il vous plaît* (por favor).

Se lo agradezco mucho
Je vous en suis reconnaissant(e)
She vusan suí reconesán(t)

¡No hay de qué!
Il n'y a pas de quoi!
Il niá pa de kuá!

¿Desea tomar algo?
Voulez-vous prendre quelque chose?
Vulé-vu prandr kelk shos?

¿Desea algo?
Désirez-vous quelque chose?
Desiré-vu kelk shos?

Quería (quisiera) ...
Je voudrais (j'aimerais) ...
She vudré (shemeré) ...

¿Habla Vd. español?
Parlez-vous l'espagnol?
Parlé-vu lespañól?

No hablo francés
Je ne parle pas le français
She ne parl pa le fransé

Un poco
Un peu
En pe

Ni una palabra
Pas un mot
Pasenmó

¿Me comprende?
Comprenez-vous?
Comprené-vu?

No comprendo
Je ne comprends pas
She ne comprán pa

¿Cómo?/¿Perdón?
Comment?/Pardon?
Comán?/Pardón?

¿Cómo dice?
Comment dites-vous?
Comán dit-vu?

Más despacio, por favor
Parlez plus lentement, s'il vous plaît
Parlé pli lantment, silvuplé

¿Cómo se escribe?
Comment est-ce que ça s'écrit?
Comán ésske sa secrí?

¿Cómo se pronuncia?
Comment est-ce que ça se prononce?
Comán ésske sa se pronóns?

¿Qué significa?
Qu'est-ce que ça veut dire?
Késske sa ve dir?

¿Qué quiere Vd. decir?
Que voulez-vous dire?
Ke vulé-vu dir?

¿Cómo se dice ... en francés?
Comment dit-on ... en français?
Comán ditón ... an fransé?

Repita, por favor
Répétez, s'il vous plaît
Repeté, silvuplé

ÓRDENES

¡Deprisa!
Vite!
Vit!

¡Despacio!
Doucement!
Dúsman!

¡Entre!/ ¡Adelante!
Entrez!/Passez!
Antré!/Pasé!

¡Venga!
Venez!
Vené!

¡Oiga!
Écoutez!
Ecuté!

¡Cuidado!
Attention!
Atansión!

¡Vamos!
Allons!
Alón!

¡Silencio!
Silence!
Siláns!

¡Socorro!
Au secours!
O secúr!

¡Siéntese, por favor!
Asseyez-vous, s'il vous plaît
Aseyé-vu, silvuplé

AVISOS PÚBLICOS

Cuidado
Attention
Atansión

Peligro
Danger
Danshé

Atención a ...
Attention à ...
Atansión a ...

Cerrado
Fermé
Fermé

Abierto
Ouvert
Uvér

Averiado
En panne
An pan

Entrada
Entrée
Antré

Salida
Sortie
Sortí

Ascensor
Ascenseur
Assansér

Libre
Libre
Libr

Ocupado
Occupé
Okipé

Privado
Privé
Privé

Tirar
Tirez
Tiré

Empujar
Poussez
Pusé

Parada
Arrêt
Aré

Servicios
Toilettes
Tualét

Señoras
Dames
Dam

Caballeros
Messieurs
Mesié

Cambio
Change
Shansh

Se vende
À vendre
A vandr

Se alquila
À louer
A lué

Aparcamiento
Parking
Parkín

Autoservicio
Libre-service
Libr servís

Recepción
Réception
Resepsión

Prohibido el paso
Passage interdit
Pasásh enterdí

Se prohíbe la entrada
Défense d'entrer
Defáns dantré

Prohibido fumar
Défense de fumer
Defáns de fimé

Recién pintado
Peinture fraîche
Pentír fresh

EL TIEMPO

Tiempo
Temps
Tan

Reloj
Montre
Montr

Día
Jour
Shur

Hora
Heure
Er

Minuto
Minute
Minít

Segundo
Second
Segón

Mañana
Matin
Matén

Mediodía
Midi
Midí

Tarde
Après-midi/Soir
Apré-midí/Suar

Noche
Nuit
Nuí

Medianoche
Minuit
Minuí

Media hora
Demi-heure
Demí-er

¿Qué hora es?
Quelle heure est-il?
Keleretíl?

Son las siete
Il est sept heures
Ilé setér

Las siete y diez
Sept heures dix
Setér dis

Las siete y cuarto
Sept heures et quart
Seterekár

Las siete y media
Sept heures et demie
Setér e demí

Las ocho menos cuarto
Huit heures moins le quart
Uitér muán le kar

¿Puede decirme la hora, por favor?
Pouvez-vous me dire l'heure, s'il vous plaît?
Puvé-vu me dir lér, silvuplé?

Es demasiado temprano/tarde
C'est trop tôt/tard
Sé tro tó/tar

Tiempo
Temps
Tan

Temperatura
Température
Tamperatír

Clima
Climat
Climá

Hace sol
Il y a du soleil
Iliá di soléi

Hace frío
Il fait froid
Il fé fruá

Hace calor
Il fait chaud
Il fé shó

Está lloviendo
Il pleut
Il ple

Va a llover
Il va pleuvoir
Il va plevuár

Está nevando
Il neige
Il nesh

Está helando
Il gèle
Il shel

¿Qué tiempo hace?
Quel temps fait-il?
Kel tan fetíl?

Hace mal tiempo
Il fait mauvais
Il fé mové

Hace un tiempo magnífico
Il fait très beau
Il fé tré bo

Estamos a seis grados bajo cero
Il fait moins six (degrés)
Il fé muán sis (degré)

Día	**Semana**	**Mes**
Jour	Semaine	Mois
Shur	*Semén*	*Muá*
Quincena	**Año**	**Siglo**
Quinzaine	An/année	Siècle
Kinsén	*An/ané*	*Siécl*
Hoy	**Ayer**	**Mañana**
Aujourd'hui	Hier	Demain
Oshurduí	*Iér*	*Demén*
Esta noche	**Día festivo**	**Fecha**
Ce soir	Jour ferié	Date
Se suár	*Shur ferié*	*Dat*

Días de la semana

Lunes	Lundi	*Lendí*
Martes	Mardi	*Mardí*
Miércoles	Mercredi	*Mercredí*
Jueves	Jeudi	*Shedí*
Viernes	Vendredi	*Vandredí*
Sábado	Samedi	*Samdí*
Domingo	Dimanche	*Dimánsh*

Meses del año

Enero	Janvier	*Shanvié*
Febrero	Février	*Fevrié*

Marzo	Mars	*Mar*
Abril	Avril	*Avríl*
Mayo	Mai	*Mé*
Junio	Juin	*Shuén*
Julio	Juillet	*Shuiyé*
Agosto	Août	*Ut*
Septiembre	Septembre	*Septámbr*
Octubre	Octobre	*Octóbr*
Noviembre	Novembre	*Novámbr*
Diciembre	Décembre	*Desámbr*

Estaciones del año

Invierno	Hiver	*Ivér*
Primavera	Printemps	*Prentán*
Verano	Été	*Eté*
Otoño	Automne	*Otón*

¿Qué día es hoy?
Quel jour sommes-nous?
Kel shur som-nú?

Es uno de abril
C'est le premier Avril
Se le premié avríl

El domingo pasado
Dimanche dernier
Dimáns dernié

El lunes próximo
Lundi prochain
Lendí proshén

El 6 de noviembre de 1997
Le 6 Novembre 1997
Le sis novámbr mil nefsán katr-ven dissét

Navidad
Noël
Noél

Año Nuevo
Le jour de l'an
Le shur delán

Semana Santa
Pâques
Pak

Primero de Mayo
La fête du Travail
La fet di traváy

EN LA CIUDAD

Calle
Rue
Ri

Avenida
Avenue
Avní

Paseo
Promenade
Promenád

Centro
Centre(-ville)
Santr (-vil)

Esquina
Coin
Kuén

Barrio
Quartier
Kartié

Distrito
Arrondissement
Arondismán

Edificio
Bâtiment
Batimán

Casa
Maison
Mesón

Afueras
Environs
Anvirón

Puerto
Port
Por

Fuente
Fontaine
Fontén

Plaza
Place
Plas

Puente
Pont
Pon

Río
Fleuve/Rivière
Flev/Riviér

Jardín	**Parque**	**Paso subterráneo**
Jardin	Parc	Passage souterrain
Shardén	*Parc*	*Pasásh sutrén*
Cruce	**Semáforos**	**Guardia de tráfico**
Croisement/ Carrefour	Feux	Agent de police
Cruasmán/carfúr	*Fe*	*Ashán de polís*
Papelera	**Buzón**	**Farola**
Corbeille à papier	Boîte aux lettres	Lampadaire
Corbéy a papié	*Buatolétr*	*Lampadér*
Cabina	**Acera**	**Paso de cebra**
Cabine	Trottoir	Passage piétons
Cabín	*Trotuár*	*Pasásh pietón*
Por aquí	**Por ahí**	**Todo recto**
Par ici	Par là	Tout droit
Parisí	*Parlá*	*Tú druá*
A la izquierda	**A la derecha**	**A. ... m. de aquí**
À gauche	À droite	À ... mètres d'ici
A gosh	*A druát*	*A ... metr disí*
Delante de	**Detrás de**	**Enfrente**
Devant	Derrière	En face
Deván	*Deriér*	*An fas*

Perdón, ¿está lejos la calle ...?
Excusez-moi, est-ce que la rue ... est encore loin?
Eskisé-muá, ésske la ri ... etancór luén?

¿Puede Vd. decirme dónde está ...?
Pouvez-vous me dire où se trouve ...?
Puvé-vu me dir u se truv ...?

¿Por dónde se va a ...?
Par où va-t-on à ...?
Parú vatón a ...?

¿Está muy lejos?
Est-ce que c'est encore loin?
Esske setancór luén?

¿A qué distancia está?
A quelle distance est-ce que ça se trouve?
A kel distáns ésske sa se truv?

Siga por esta misma calle
Suivez cette rue
Suivé cet ri

Al otro lado de la calle
De l'autre côté de la rue
De lotr coté de la ri

Gire a la izquierda en el próximo cruce
Tournez à gauche au prochain croisement
Turné a gosh o proshén cruasmán

Al doblar la esquina
Au coin de la rue
O cuén de la ri

EDIFICIOS PÚBLICOS

Ayuntamiento	**Juzgado**	**Embajada**
Hôtel de ville	Palais de Justice	Ambassade
Otél de vil	*Palé de shistísl*	*Ambasád*
Consulado	**Correos**	**Comisaría**
Consulat	Poste	Commissariat
Consilá	*Post*	*Comisariá*
Hospital	**Oficina de Turismo**	**Estación**
Hôpital	Office de Tourisme	Gare
Opitál	*Ofís de Turísm*	*Gar*
Castillo	**Palacio**	**Iglesia**
Château	Palais	Église
Sható	*Palé*	*Eglís*

Catedral
Cathédrale
Catedrál

Museo
Musée
Misé

Escuela
École
Ecól

Instituto
Licée
Lisé

Universidad
Université
Iniversité

Biblioteca
Bibliothèque
Biblioték

EN UNA AGENCIA DE VIAJES

Viajar	**Viaje**	**Vacaciones**
Voyager	Voyage	Vacances
Vuayashé	*Vuayásh*	*Vacáns*

Quiero ir a ... en avión
Je voudrais aller à ... en avion
She vudré alé a ... anavión

Me gustaría salir la semana próxima
Je voudrais partir la semaine prochaine
She vudré partír la semén proshén

Quisiera hacer el viaje en autocar y alojarme en un hotel de dos estrellas
Je voudrais faire le voyage en autocar et loger dans un hôtel deux étoiles
She vudré fer le vuayásh anotocár e loshé dansén otél desetuál

Desearía visitar la región de ...
Je voudrais visiter la région ...
She vudré visité la reshión ...

¿Qué ciudades me aconseja Vd. que visite?
Quelles villes me conseillez-vous de visiter?
Kel vil me conseyé-vu de visité?

¿Podría Vd. hacerme un itinerario y un presupuesto?
Pourriez-vous me tracer un itinéraire et me dire son montant?
Purié-vu me trasé enitinerér é me dir son montán?

¿Cuánto cuesta todo eso?
Combien vaut tout ça?
Combián vó tú sa?

Resérveme dos plazas en el autocar para ...
Réservez-moi deux places dans le bus pour ...
Reservé-muá de plas dan le bis pur ...

De acuerdo. Mañana vendré a recoger mi billete
D'accord. Je passerai demain chercher mon billet
Dacór. She pasré demén shershé mon biyé

¿Tiene Vd. folletos turísticos?
Avez-vous des brochures touristiques?
Avé-vu de broshír turistík?

EN LA ADUANA

Aduana
Douane
Duán

Documentación
Documentation
Dokimantasión

Pasaporte
Passeport
Paspór

Equipaje
Bagages
Bagásh

Maleta
Valise
Valís

Regalo
Cadeau
Cadó

Bolso de mano
Sac à main
Sacamén

Control de pasaportes
Contrôle de passeports
Contról de paspór

Derechos de aduana
Droits de douane
Druá de duán

Permiso internacional de conducir
Permis international de conduire
Permí enternasional de conduír

Carta verde
Carte verte
Cart vert

Visado de entrada
Visa d'entrée
Visá dantré

Su pasaporte, por favor
Votre passeport, s'il vous plaît
Votr paspór, silvuplé

Aquí tiene
Le voici
Le vuasí

El objeto de mi viaje es ...
Le motif de mon voyage est ...
Le motíf de mon vuayásh é ...

Vacaciones, turismo, estudios, negocios...
Vacances, tourisme, études, affaires...
Vacáns, turísm, etíd, afér...

¿Tiene Vd. algo que declarar?
Avez-vous quelque chose à déclarer?
Avé-vu kelk shosh a declaré?

No tengo nada que declarar
Je n'ai rien à déclarer
She né rián a declaré

No, sólo llevo objetos de uso personal
Non, je n'ai que des affaires personnelles
No, she né ke desaffér personél

Llevo unas botellas de vino sh cigarrillos
J'ai quelques bouteilles de vin et des cigarettes
Shé kelk butéy de ven e de sigarét

No llevo moneda extranjera
Je n'emporte pas de devises
She nampórt pa de devís

Abra sus maletas, por favor
Ouvrez vos valises, s'il vous plaît
Uvré vo valís, silvuplé

¿Qué lleva Vd. en esos paquetes?
Qu'est-ce qu'il y a dans ces paquets?
Kess kiliá dan sé paké?

¿Puedo cerrar mis maletas?
Puis-je fermer mes valises?
Puí-she fermé mé valís?

¿Cuánto tengo que pagar de derechos?
Combien est-ce que je dois payer pour des droits de douane?
Combián ésske she duá peiyé pur dé druá de duán?

¿Está todo en orden?
Est-ce que tout est en règle?
Ésske tutetanrégl?

¿Dónde está la oficina de cambio?
Où se trouve le bureau de change?
U se truv le biró de shansh?

¿Cuál es la cotización de ...?
Quel est le cours de ...?
Kelé le cur de ...?

¿Puede cambiarme ... en ...?
Pouvez-vous me changer ... en ...?
Puvé-vu me shanshé ... an ...?

¿Dónde puedo encontrar un taxi?
Où puis-je trouver un taxi?
U puísh truvé en taksí?

EN AVIÓN

Aeropuerto Aéroport *Aeropór*	**Pasajero** Passager *Pasashé*	**Información** Reinsegnements *Ranseñemán*
Facturación Enregistrement *Anreshistrmán*	**Billete** Billet *Biyé*	**Líneas aéreas** Lignes aériennes *Liñ aerién*
Vuelo Vol *Vol*	**Llegadas** Arrivées *Arivé*	**Salidas** Départs *Depár*

Avión
Avion
Avión

Piloto
Pilote
Pilót

Azafata
Hôtesse de l'air
Otés delér

Asiento
Place
Plas

(No) fumador
(Non) fumeurs
(No) fimér

Ventanilla
Hublot
Ibló

Tripulación
Équipage
Ekipásh

Retraso
Rétard
Retár

Exceso de equipaje
Excédent de bagages
Eksedán de bagásh

Recogida de equipajes
Retrait des bagages
Retré dé bagásh

Sala de espera
Salle d'attente
Sal datánt

Puerta de embarque
Porte d'embarquement
Port dambarkmán

Vuelo suspendido
Vol annulé
Volanilé

Chaleco salvavidas
Gilet de sauvetage
Shilé de sovtásh

El vuelo con destino a ... (procedente de ...)
Le vol à destination de ... (en provenance de ...)
Le vol a destinasión de ... (an provnáns de ...)

Oficina de objetos perdidos
Bureau des objets trouvés
Biró desobyé truvé

¿Con qué antelación hay que estar en el aeropuerto?
Combien de temps à l'avance faut-il être à l'aéroport?
Cómbian de tan alaváns fotíl etr alaeropór?

¿Cómo puedo ir al aeropuerto?
Comment puis-je me rendre à l'aéroport?
Comán puísh me randr alaeropór?

¿Cuánto peso está permitido?
Quel est le poids admis gratuitement?
Kelé le puá admí gratuitmán?

¿A qué hora sale el avión para ...?
À quelle heure part l'avion pour ...?
A kelér par lavión pur ...

Se ruega a los pasajeros del vuelo ... embarquen por la puerta ...
Passagers du vol ... embarquement porte ...
Pasashé di vol ... ambarkemán port ...

Por favor, abróchense los cinturones
S'il vous plaît, veuillez attacher vos ceintures
Silvuplé, veiyé atashé vo sentír

Prohibido fumar
Défense de fumer
Defáns de fimé

Tomaremos tierra dentro de diez minutos
L'avion atterira dans dix minutes
Lavión aterirá dan dis minít

Recojan su equipaje en la terminal
Rétirez vos bagages au terminal
Retiré vo bagásh o terminál

Se me ha perdido una maleta
J'ai perdu une valise
Shé perdí in valís

EN TREN

Tren	**Estación**	**Andén**
Train	Gare	Quai
Tren	*Gar*	*Ké*
Vía	**Vagón**	**Litera**
Voie	Wagon	Couchette
Vuá	*Vagón*	*Cushét*
Compartimento	**Viajero**	**Revisor**
Compartiment	Voyageur	Contrôleur
Compartimán	*Vuayashér*	*Controlér*
Bolsa	**Mochila**	**Cartera**
Sac de voyage	Sac à dos	Portefeuille
Sac de vuayásh	*Sacadó*	*Portféy*

Billete de ida	**De ida y vuelta**
Aller simple	Aller-retour
Alé sempl	*Alé-retúr*
Primera, segunda clase	**Coche-cama**
Première, seconde classe	Wagon-lit
Premiér, segónd clas	*Vagón-lí*
Despacho de billetes	**Consigna**
Guichet	Consigne
Guiché	*Consíñ*

*__SNCF__: Societé des Chemins de Fer Français (=RENFE).

AVE, tren directo, tren de cercanías
TGV, train direct, train régional
Teshevé, tren diréct, tren reshionál

¿Dónde está la estación de trenes?
Où se trouve la gare de chemin de fer?
U se truv la gar de shemén de fer?

¿Cuánto cuesta un billete de ida y vuelta a ...?
Quel est le prix du billet aller-retour pour...?
Kelé le prí di biyé alé-retúr pur ...?

¿Hay descuentos para niños/estudiantes/pensionistas?
Faites-vous destarifs preférentiels pour les enfants/étudiants/retraités?
Fet-vu dé taríf preferansiél pur lesanfán/etidián/retreté?

Dos billetes para ...
Deux billets pour ...
De biyé pur ...

¿Para qué tren?
Pour quel train?
Pur kel tren?

¿Es éste el tren para ...?
Est-ce que c'est celui-ci le train pour ...?
Ésske sé seluisí le tren pur ...?

¿A qué hora sale el tren para ...?
À quelle heure part le train pour ...?
A kelér par le tren pur ...?

¿De qué andén sale el tren para ...?
De quel quai part le train pour ...?
De kel ké par le tren pur ...?

¿Hay que hacer transbordo?
Y a-t-il un changement à faire?
Iatíl en shanshmán a fér?

¿Para este tren en ...?
S'arrête ce train à ...?
Sarét se tren a ...?

¿A qué hora llega a ...?
À quelle heure arrive-t-il à ...?
A kelér arivtíl a ...?

¿Está ocupado este asiento?
Cette place, est-elle prise?
Set plas, etél pris?

¿Puede cerrar la ventanilla, por favor?
Pouvez-vous fermer la fenêtre, s'il vous plaît?
Puvé-vu fermé la fenétr, silvuplé?

¿Cómo se llama esta estación?
Comment s'appelle cette gare?
Comán sapél set gar?

Llevamos diez minutos de retraso
Nous avons dix minutes de rétard
Nusavón dis minít de retár

EN COCHE

Carretera
Route
Rut

Autopista
Autoroute
Otorút

Peaje
Péage
Peásh

Carretera Nacional
Route Nationale
Rut nasionál

Cruce
Croisement
Cruasmán

Paso a nivel
Passage à niveau
Pasásh a nivó

Curva peligrosa
Virage dangereux
Virásh dansheré

Rodeo
Détour
Detúr

Desviación
Déviation
Deviasión

Dirección única
Sens unique
Sansiník

Calle sin salida
Voie sans issue
Vuá sansisí

Paso de peatones
Passage piétons
Pasásh piéton

Señal de tráfico
Panneau de signalisation
Panó de siñalisasión

Ceda el paso
Cédez le passage
Sedé le pasásh

Obras
Travaux
Travó

Permiso de conducir
Permis de conduire
Permí de conduír

Límite de velocidad
Vitesse limitée
Vités limité

Coche
Voiture
Vuatír

Autobús
Autobus
Otobís

Camión
Camion
Camión

Furgoneta
Fourgonnette
Furgonét

Moto
Moto
Motó

Bicicleta
Vélo
Veló

¿Para ir a ..., por favor?
Pour aller à ..., s'il vous plaît?
Puralé a ..., silvuplé?

¿Es ésta la carretera para ...?
Est-ce que c'est la route pour aller à ...?
Ésske que sé la rut puralé a ...?

¿A qué distancia está ...?
Quelle distance y a-t-il jusqu'à ...?
Kel distáns iatíl jiscá ...?

No está lejos. Hay unos ... km
C'est ne pas loin. Il n'y a que ... kilomètres
Sé ne pa luén. Il niá que ... kilométr

¿Es buena la carretera?
La route est-elle bonne?
La rut etél bonn?

Hay muchas curvas
Il y a beaucoup de virages
Iliá bocú de virásh

¿Dónde puedo comprar un mapa de carreteras?
Où est-ce que je peux acheter une carte routière?
U ésske she pe ashté in cart rutiér?

¿Cuál es la mejor carretera para ir a la costa?
Quelle est la meilleure route pour aller à ...?
Kelé la meyér rut puralé a ...?

¿Puedo aparcar aquí?
Est-ce que je peux stationner ici?
Ésske she pe stasioné isí?

ALQUILER DE AUTOS

Deseo alquilar un coche
Je voudrais louer une voiture
She vudré lué in vuatír

¿Cuál es el precio por km. (por día)?
Quel est le prix au kilomètrage et par jours?
Kelé le prí o kilometrásh e par shur?

¿Cuántos días?
Combien de jours?
Combián de shur?

Seguro incluido
Assurance comprise
Asiráns comprís

Son ...
Ça fait ...
Sa fé ...

¿Tengo que dejar un depósito?
Dois-je verser une caution?
Dua-she versé in cosión?

¿Puedo pagar con tarjeta?
Acceptez-vous les cartes de crédit?
Aksepté-vu lé cart de credí?

EN COCHE (SERVICIOS Y AVERÍAS)

Gasolinera Station service *Stasión servís*	**Gasolina** Essence *Esáns*	**Aire** Air *Er*
Aceite Huile *Uíl*	**Agua** Eau *O*	**Depósito** Réservoir *Reservuár*
Taller Garage *Garásh*	**Avería** Panne *Pan*	**Pinchazo** Crevaison *Crevesón*

Matrícula Plaque d'imma- triculation *Plak demma-* *trikilasión*	**Retrovisor** Rétroviseur *Retrovisér*	**Tubo de escape** Pot d'échappement *Po deshapmán*
Faro Phare *Far*	**Intermitente** Clignotant *Cliñotán*	**Piloto trasero** Feu arrière *Fe ariér*
Capó Capot *Capó*	**Maletero** Coffre *Cofr*	**Puerta** Portière *Portiér*
Parabrisas Pare-brises *Par-brís*	**Ventanilla** Vitre *Vitr*	**Parachoques** Pare-chocs *Par-shoc*
Rueda Roue *Ru*	**Neumático** Pneu *Pné*	**Rueda de re-** **puesto** Roue de secours *Ru de secúr*
Amortiguador Amortisseur *Amortisér*	**Motor** Moteur *Motér*	**Estárter** Starter *Startér*
Carburador Carburateur *Carbiratér*	**Alternador** Alternateur *Alternatér*	**Guardabarros** Garde-boue *Gard-bú*
Bobina Bobine *Bobín*	**Batería** Batterie *Batrí*	**Bujía** Bougie *Bushí*

Fusible Fusible *Fisíbl*	**Pistón** Piston *Pistón*	**Biela** Bielle *Biel*
Cigüeñal Vilebrequin *Vilbrekén*	**Culata** Culasse *Kilás*	**Junta de culata** Joint de culasse *Shuán de kilás*
Filtro Filtre *Filtr*	**Caja de cambio** Boîte de vitesses *Buát de vités*	**Embrague** Embrayage *Ambrayásh*
Cárter Carter *Cartér*	**Correa del ventilador** Courroie du ventilateur *Curuá di vantilatér*	**Radiador** Radiateur *Radiatér*
Volante Volant *Volán*	**Llave de contacto** Clef de contact *Clé de contá*	**Palanca de cambio** Levier de vitesses *Levié de vités*
Pedal de freno Frein à pied *Frenapié*	**Freno de mano** Frein à main *Frenamén*	**Acelerador** Accélérateur *Akseleratér*
Gato Cric *Cric*	**Herramientas** Outils *Utíl*	**Piezas de repuesto** Pièces de rechange *Piés de reshánsh*

Primera, segunda, tercera ... (marcha)
Première, deuxième, troisième ... (vitesse)
Premiér, desiém, truasiém ... (vités)

Marcha atrás
Marche arrière
Marsh ariér

¿Hay una gasolinera cerca de aquí?
Est-ce qu'il y a une poste d'essence près d'ici?
Ess kiliá in post desáns pré disí?

Lleno, por favor
Le plein, s'il vous plaît
Le plén, silvuplé

Veinte litros de gasolina sin plomo, por favor
Vingt litres d'essence sans plomb, s'il vous plaît
Van litr desáns san plon, silvuplé

¿Cuánto es?
C'est combien?
Sé combián?

Son ...
Ça fait ...
Sa fé ...

Necesito agua
J'ai besoin de l'eau
She besuén deló

Revise los neumáticos
Pouvez-vous vérifier les pneus?
Puvé-vu verifié lé pné?

Déme una lata de aceite, por favor
Donnez-moi un bidon de l'huile, s'il vous plaît
Doné-muá en bidón de luíl, silvuplé

¿Cuánto tardarán en lavarlo?
Combien de temps prendra le lavage?
Combián de tan prandrá le lavásh?

¿Dónde hay un taller?
Où y a-t-il un garage près d'ici?
Ú iatíl en garásh pré disí?

Mi coche se ha averiado a ... km. de aquí
Ma voiture est tombée en panne à ... kilomètres d'ici
Ma vuatír e tombé ampán a ... kilométr disí

¿Pueden remolcar mi coche?
Pouvez-vous remorquer ma voiture?
Puvé-vu remorké ma vuatír?

¿Qué le pasa?
Qu'est-ce qu'il y a?
Kess kiliá?

La batería está descargada
La batterie est déchargée
La batrí é desharshé

El motor no arranca
Le moteur ne démarre pas
Le motér ne demár pa

El radiador pierde
Le radiateur fuit
Le radiatér fuí

Revise los frenos
Vérifiez les freins, s'il vous plaît
Verifié lé fren, silvuplé

No funciona el embrague
L'embrayage ne marche pas
Lambrayásh ne marsh pa

La correa del ventilador está rota
La courroie du ventilateur est cassée
La curuá di vantilatér é casé

Se han fundido los fusibles
Les plombs ont sauté
Lé plom on soté

¿Pueden hacerme un arreglo provisional?
Pouvez-vous me faire une réparation provisoire?
Puvé-vu me fér in reparasión provisuár?

¿Cuánto tardarán en arreglarlo?
Combien de temps mettrez-vous pour l'arranger?
Combián de tan metré-vu pur laranshé?

Por favor, repárelo lo antes posible
Réparez-la le plus tôt possible, s'il vous plaît
Reparé-la le pli tó posíbl, silvuplé

Tenemos que pedir repuestos
Nous devons commander des pièces de rechange
Nu devón comandé dé piés de reshánsh

Ya está arreglado
Ça y est, c'est réparé
Sayé, sé reparé

¿Puede Vd. ayudarme?
Pouvez-vous m'aider?
Puvé-vu medé?

Ha habido un accidente a ... km. de aquí
Il s'est produit un accident à ... kilomètres d'ici
Il sé produí enaksidán a ... kilométr disí

¿Dónde está el hospital más próximo?
Où est l'hôpital le plus proche?
U é lopitál le pli prosh?

Por favor, llamen a una ambulancia
S'il vous plaît, appelez tout de suite une ambulance
Silvuplé, apelé tudsuít in ambiláns

Aquí está mi póliza de seguros y los papeles del coche
Voici ma police d'assurance et les papiers de la voiture
Vuasí ma polís dasiráns é lé papié de la vuatír

EN BARCO

Barco Bateau *Bató*	**Puerto** Port *Por*	**Muelle** Quai *Ké*
Yate Yacht *Yat*	**Transbordador** Ferry *Ferí*	**Transatlántico** Transatlantique *Transatlantík*
Cubierta Pont *Pon*	**Hamaca** Chaise longue *Shes lóng*	**Camarote** Cabine *Cabín*
Bodega Cale *Cal*	**Proa** Proue *Pru*	**Popa** Poupe *Pup*
Babor Babord *Babór*	**Estribor** Tribord *Tribór*	**Timón** Gouvernail *Guvernáy*

Capitán	**Marinero**	**Crucero**
Capitaine	Matelot	Croisière
Capitén	*Matló*	*Cruasiér*
Levar anclas	**Atracar**	**Hacer escala**
Lever l'ancre	Accoster	Faire escale
Levé lancr	*Acosté*	*Fer escál*

¿Por dónde se va al puerto?
Par où va-t-on au port?
Parú vatón o por?

¿Qué día (a qué hora) sale el barco?
Quel jour (à quelle heure) part le bateau pour ...?
Kel shur (a kelér) par le bató pur ...?

Quiero un pasaje para ...
Je voudrais un billet pour ...
She vudré en biyé pur ...

Quisiera reservar una litera/un camarote/un pasaje de cubierta
Je voudrais résérver une couchette/une cabine/un billet sur le pont
She vudré reservé in cuchét/in cabín/en biyé sir le pon

Déme un camarote de primera clase
Donnez-moi une cabine en première classe, s'il vous plaît
Doné-muá in cabín an premiér clas, silvuplé

Debe estar en el puerto dos horas antes de la salida
Vous devez être au port deux heures avant le départ
Vu devé etropór desér avan le depár

¿Cuál es el nombre del barco?
Quel est le nom du bateau?
Kelé le non di bató?

¿Cuánto dura la travesía?
Combien de temps dure la traversée?
Combián detán dir la traversé?

¿Puede darme algunas etiquetas para el equipaje?
Pouvez-vous me donner quelques etiquettes pour les bagages?
Puvé-vu me doné kelkesetikét pur lé bagásh?

¿De qué muelle sale el barco?
De quel quai part le bateau?
De kel ké par le bató?

¿En qué lado está mi camarote?
De quel côté se trouve ma cabine?
De kel coté se truv ma cabín?

Por aquí, ¡cuidado con la cabeza!
Par ici. Faites attention à la tête!
Parisí. Fetatansión a la tet!

Estos bultos tienen que ir en la bodega
Ces bagages vont dans la cale
Sébagásh von dan la cal

¿Cuántas escalas haremos antes de llegar a ...?
Combien d'escales y a-t-il avant d'arriver à ...?
Combián descál iatíl avan darivé a ...?

¿Hay tiempo para desembarcar?
Avons-nous de temps pour débarquer?
Avón-nu detán pur debarké?

Estoy mareado. ¿Tiene Vd. algo contra el mareo?
J'ai le mal de mer. Avez-vous quelque chose pour le mar de mer?
Shé le maldemér. Avé-vu kelk shos pur le maldemér?

Ya estamos entrando en el puerto
Nous entrons déjà dans le port
Nusantrón deshá dan le por

MEDIOS DE TRANSPORTE URBANO

Autobús	**Metro**	**Taxi**
Autobus	Métro	Taxi
Otobís	*Metró*	*Taksí*
Tranvía	**Billete**	**Parada de autobús**
Tramway	Billet	Arrêt de bus
Tramvé	*Biyé*	*Aré de bís*
Línea	**Horario**	**Parada solicitada**
Ligne	Horaire	Arrêt demandé
Liñ	*Orér*	*Aré demandé*

Quiero ir a ...
Je voudrais aller à ...
She vudré alé a ...

¿Qué autobús (tranvía) tengo que tomar?
Quel autobus (tramway) dois-je prendre?
Kelotobís (tramvé) duá-she prandr?

¿Dónde para el autobús nº ...?
Où s'arrête le bus numéro ...?
U sarét le bis nimeró ...?

¿Pasa este autobús por ...?
Cet autobus passe-t-il par ...?
Setotobís pastíl par ...?

¿Con qué frecuencia pasa el autobús?
L'autobus passe tous les combien?
Lotobís pas tu lé combián?

¿Qué autobús (metro) tengo que coger para ir a la estación de trenes?
Quel bus (métro) dois-je prendre pour aller à la gare de chemin de fer?
Kel bis (metró) duásh prándr puralé a la gar dé shemén de fer?

¿Cuánto cuesta un billete de ida?
Quel est le prix d'un aller simple?
Kelé le prí denalé sempl?

Dos billetes, por favor
Deux billets, s'il vous plaît
De biyé, silvuplé

¿Dónde tengo que bajarme para ir a ...?
À quelle station dois-je descendre pour aller à ...?
Akél stasión duá-she desándr puralé a ...?

¿Está ocupado/libre este asiento?
Cette place est-elle occupée/libre?
Set plas etél okipé/libr?

¿Dónde puedo encontrar un taxi?
Où est-ce que je peux trouver un taxi?
U ésske she pe truvé en taksí?

¿Cuánto cuesta un taxi hasta el aeropuerto?
Combien coûte un taxi jusqu'à l'aéroport?
Combián cut en taksí shiská laeropór?

¿Cuál es la tarifa para ...?
Quel est le prix pour...?
Kelé le pri pur ...?

Libre
Libre
Libr

Llévame a la calle ...
Emmenez-moi à ..., s'il vous plaît
Amené-muá a ... , silvuplé

¿Sabe Vd. dónde está ...?
Savez-vous où se trouve ...?
Savé-vu ú se truv ...?

Pare aquí, por favor
Arrêtez-vous ici, s'il vous plaît
Areté-vu isí, silvuplé

¿Puede esperar un momento?
Pouvez-vous attendre un instant?
Puvé-vu atándr enenstán?

Ya hemos llegado
Vous êtes arrivé
Vusetarivé

¿Cuánto es?/¿Qué le debo?
C'est combien?/Combien vous dois-je?
Sé combián?/Combián vu duá-she?

Quédese con la vuelta
Gardez la monnaie
Gardé la moné

LA LLEGADA

Hotel Hôtel *Otél*	**Pensión** Pension *Pansión*	**Albergue** Auberge *Obérsh*
Recepción Réception *Resepsión*	**Recepcionista** Réceptionniste *Resepsioníst*	**Gerente** Gérant *Sherán*
Portero Concierge *Consiérsh*	**Botones** Groom *Grum*	**Camarera** Femme de chambre *Fam de shambr*
Huésped Client(e) *Clián*	**Llave** Clef *Clé*	**Propina** Pourboire *Purbuár*

Ascensor
Ascenseur
Asansér

Planta
Étage
Etásh

Comedor
Salle à manger
Salamanshé

Cuarto de baño
Salle de bain
Sal de ben

Estancia
Séjour
Seshúr

Alojamiento
Logement
Loshmán

Aire acondicionado
Air conditionné
Er condisioné

Calefacción
Chauffage
Shofásh

Temporada alta (baja)
Haute (basse) saison
Ot (bas) sesón

Habitación individual/doble/con dos camas
Chambre simple/double/avec deux lits
Shambr sempl/dubl/avék de lí

Con desayuno/media pensión/pensión completa
Avec petit déjeuner/demi-pension/pension complète
Avéc petí deshené/demí-pansión/pansión complét

¿Tienen Vds. habitaciones libres?
Avez-vous des chambres libres?
Avé-vu dé shambr libr?

Tengo reservada una habitación a nombre de ...
J'ai une réservation au nom de ...
Shé in reservasión o non de ...

Desearía una habitación exterior (interior)
Je voudrais une chambre extérieure (intérieure)
She vudré in shambr exteriér (enteriér)

Quisiera una habitación con vistas al lago
Je voudrais une chambre avec vue sur le lac
She vudré in shambr avéc vi sir le lac

Quiero una habitación con baño y teléfono
Je voudrais une chambre avec salle de bain et téléphone
She vudré in shambr avéc sal de ben e telefón

¿Incluido el desayuno?
Petit déjeuner compris?
Petí deshené comprí?

¿Cuál es el precio?
Quel est le prix?
Kelé le pri?

Son ..., I.V.A. incluido
Ça fait ..., T.V.A. comprise
Sa fé ... , teveá comprís

Su habitación es la número ... en la tercera planta, al fondo del pasillo
Votre chambre est la chambre numéro ... troisième étage, au fond du couloir
Votr shambr é la shambr nimeró ... truasiém etásh, o fon di culuár

¿Puedo ver la habitación?
Est-ce que je peux voir la chambre?
Ésske she pe vuár la shambr?

Está bien. Me quedo con ella
C'est bien. Je la prends
Sé bián. She la pran

Es demasiado pequeña. ¿No tienen otra más amplia?
Elle est trop petite. Est-ce que vous n'en avez pas une plus grande?
Elé tro petít. Ésske vu nanavé pa in pli gran?

Tiene Vd. que rellenar la hoja de registro
Vous devez remplir ce formulaire
Vu devé ramplír se formilér

¿Cuánto tiempo piensa quedarse?
Combien de temps pensez-vous rester?
Combián de tan pansé-vu resté?

Unos cinco días
Cinq jours à peu près
Senk shur a pe pré

Súbanme el equipaje, por favor
Veuillez faire monter mes bagages, s'il vous plaît
Veyé fer monté mé bagásh, silvuplé

Haga el favor de despertarme a las siete
Pourrait-on me réveiller demain à sept heures?
Puréton me reveyé demén a setér?

Cama
Lit
Li

Colchón
Matelas
Matlá

Almohada
Oreiller
Oreyé

Cenicero
Cendrier
Sandrié

Caja fuerte
Coffre-fort
Cofr-fór

Queja
Réclamation
Reclamasión

Toalla
Serviette de toilette
Serviét de tualét

Jabón
Savon
Savón

Vaso
Verre
Ver

No molestar
Ne pas déranger
Ne pa deranshé

Para lavar
À laver
A lavé

Mi llave, por favor, número ...
Ma clef, s'il vous plaît, le numéro ...
Ma clé, silvuplé, le nimeró ...

Súbanme el desayuno a la habitación
Montez mon petit déjeuner dans ma chambre, s'il vous plaît
Monté mon petí deshené dan ma shambr, silvuplé

EL DESAYUNO

Café
Café
Café

Té
Thé
Té

Leche
Lait
Lé

Chocolate
Chocolat
Shokolá

Pan
Pain
Pen

Mantequilla
Beurre
Ber

Yogur
Yaourt
Yaúrt

Huevo
Oeuf
Ef

Tostada
Pain grillé
Pen griyé

Mermelada
Confiture
Confitír

Miel
Miel
Miel

Cereales
Céréales
Sereál

Queso
Fromage
Fromásh

Fiambres
Charcuterie
Sharkiterí

Salchicha
Saucisse
Sosís

Zumo de naranja
Jus d'orange
Shi doránsh

¿A qué hora se sirve la cena?
À quelle heure sert-on le dîner?
A kelér sertón le diné?

El comedor está cerrado
La salle à manger est fermée
La salamanshé é fermé

Cárguelo en mi cuenta. Habitación número ...
Mettez-le sur ma note. Chambre numéro ...
Meté-le sir ma not. Shambr niméro ...

Por favor, plánchеme estos pantalones
Pouvez-vous me répasser ce pantalon?
Puvé-vu me repasé se pantalón?

¿Hay cartas para mí?
Y a-t-il du courier pour moi ?
Iatíl di curié pur muá ?

¿Tienen un plano de la ciudad?
Avez-vous un plan de la ville?
Avé-vu en plan de la vil?

¿Dónde está la guía telefónica?
Où est l'annuaire téléphonique?
U é laniér telefoník?

Deseo hacer una llamada
Je voudrais téléphoner
She vudré telefoné

El aire acondicionado no funciona
L'air conditionné ne marche pas
Ler condisioné ne marsh pa

No hay agua caliente
Il n'y a pas d'eau chaude
Il niá pa do shod

¿Dónde puedo echar estas cartas?
Où est-ce que je peux poster ces lettres?
U ésske she pe posté sé letr?

¿Pueden pedirme un taxi, por favor?
Pouvez-vous appeler un taxi?
Puvé-vu apelé en taksí?

Quiero un guía que hable español
Je voudrais un guide qui parle l'espagnol
She vudré en guid qui parl lespañól

Quiero alquilar un coche
Je voudrais louer une voiture
She vudré lué in vuatír

¿Hay garaje en el hotel?
Y a-t-il un garage dans l'hôtel?
Iatíl en garásh dan lotél?

LA SALIDA

Nos vamos el ...
Nous partirons le...
Nu partirón le ...

¿Quiere prepararme la cuenta?
Pouvez-vous me préparer l'addition?
Puvé-vu me preparé ladisión?

Creo que se han equivocado. Repásela, por favor
Je crois qu'il y a une erreur. Voulez-vous la relire?
She cruá kiliá in erér. Vulé-vu la relír?

¿Está todo incluido?
Tout est compris?
Tuté comprí?

¿Puedo dejar mi equipaje aquí hasta mediodía?
Est-ce je peux laisser mes bagages ici jusqu'à midi?
Ésske she pe lesé mé bagásh isí shiská midí?

Bájenme las maletas, por favor
Pouvez-vous faire descendre mes valises, s'il vous plaît
Puvé-vu fer desándr mé valís, silvuplé?

¡Buen viaje!
Bon voyage!
Bon vuayásh!

¡Muchas gracias por todo!
Merci beaucoup pour tout!
Mérsi bocú pur tu!

¿Hay un restaurante cerca de aquí?
Y a-t-il un restaurant près d'ici?
Iatíl en restorán pré disí?

¿Puede recomendarme un restaurante?
Pourriez-vous m'indiquer un bon restaurant?
Purié-vu mendiké en bon restorán?

Quiero un/una ...
Je veux un/une ...
She ve en/in ...

¿Qué desea tomar?
Que prendrez-vous?
Ke prandré-vu?

¿Tienen platos calientes?
Avez-vous des plats chauds?
Avé-vu dé pla sho?

¿Qué tipo de ... tienen?
Quelle sorte de ... avez-vous?
Kel sort de ... avé-vu?

¿Dónde podemos sentarnos?
Où pouvons nous nous asseoir?
U puvón-nu nusasuár?

¿Puede traernos otro/a ...?
Pouvez-vous apporter un/une autre ...?
Puvé-vu aporté en/in otr ...?

¿Tienen teléfono?
Avez-vous un téléphone?
Avé-vu en telefón?

¿Dónde están los servicios?
Où sont les toilettes?
U son lé tualét?

La cuenta, por favor
L'addition, s'il vous plaît
Ladisión, silvuplé

¿Cuánto es?
C'est combien?
Sé combián?

BEBIDAS

Café con leche
Café au lait
Café olé

Café solo
Café noir
Café nuár

Zumo de naranja
Jus d'orange
Shi doránsh

Leche fría/caliente
Lait froid/chaud
Lé fruá/shó

Té con limón/leche
Thé citron/au lait
Té sitrón/olé

Chocolate caliente
Chocolat chaud
Shocolá shó

Agua mineral con gas/sin gas
Eau gazeuse/plate
O gasés/plat

Cerveza
Bière
Biér

Caña
Bière pression
Biér presión

Jarra
Chope
Shop

Un vaso de ...
Un verre de ...
En ver de ...

Una taza de ...
Une tasse de ...
In tas de ...

LA MESA

Mesa
Table
Tabl

Silla
Chaise
Shés

Mantel
Nappe
Nap

Servilleta
Serviette
Serviét

Plato
Assiette
Asiét

Cuchara
Cuiller
Cuyér

Tenedor	**Cuchillo**	**Cucharilla**
Fourchette	Couteau	Petite cuiller
Furshét	*Cutó*	*Petít cuyér*
Vaso	**Taza**	**Cenicero**
Verre	Tasse	Cendrier
Ver	*Tas*	*Sandrié*
Camarero	**Cuenta**	**Propina**
Garçon	Addition	Pourboire
Garsón	*Adisión*	*Purbuár*

¿Puede recomendarme un restaurante típico?
Pouvez-vous m'indiquer un restaurant typique?
Puvé-vu mendiké en restorán tipík?

Una mesa para dos, por favor
Une table pour deux, s'il vous plaît
In tabl pur de, silvuplé

Quisiera reservar una mesa para ... personas para las ...
Je voudrais résérver une table pour ... personnes pour ce soir à ...
She vudré reservé in tabl pur ... persón pur se suár a ...

¿Podemos tener ...
Pouvons-nous avoir ...
Puvón-nu avuár ...

una mesa cerca de la ventana?
une table près de la fenêtre?
in tabl pré de la fenétr?

una mesa en la terraza?
une table sur la terrasse?
in tabl sir la terás?

una mesa en el rincón?
une table dans le coin?
in tabl dan le cuén?

¿Está reservada esta mesa?
Cette table est-elle résérvée?
Set tabl etél reservé?

¿Dónde podemos sentarnos?
Où est-ce que nous pouvons nous asseoir?
U ésske nu puvón nusasuár?

Estoy esperando a unos amigos
J'attends des amis
Shatánd desamí

¿Puede traerme un aperitivo?
Pouvez-vous apporter un apéritif?
Puvé-vu aporté enaperitíf?

¿Puede traerme la carta?
La carte, s'il vous plaît
La cart, silvuplé

¿Tiene una carta de vinos?
Avez-vous une carte des vins?
Avé-vu in cart dé ven?

¿Puede recomendarme algo especial?
Pouvez-vous me conseiller quelque chose de spécial?
Puvé-vu me conseyé kelk shos despesiál?

¿Cuál es la especialidad de la casa?
Quelle est la spécialité de la maison?
Kelé laspesialité de la mesón?

¿Qué vino me recomienda?
Quel vin me conséillez-vous?
Kel ven me conseyé-vu?

¿Cuáles son los ingredientes de este plato?
Quels sont les ingrédients de ce plat?
Kel son lesengredián de

¿Qué les sirvo?
Que désirez-vous prendre?
Ke desiré-vu prandr?

Primer plato
Entrée
Antré

Segundo plato
Plat principal
Plá prensipál

De primero, ...
D'abord, ...
Dabór, ...

De segundo, ...
Puis, ...
Puí, ...

Está bien, gracias
C'est assez, merci
Setasé, mersí

Más, por favor
Encore, s'il vous plaît
Ancór, silvuplé

¿Puede traer ...
Pouvez-vous apportez ...?
Puvé-vu aporté ...?

otro vaso
un autre verre
enótr ver

más pan
plus de pain
pli de ven

sal y pimienta
sel et poivre
sel é puávr

Esta comida está fría. ¿Puede calentármela?
Ce plat est froid. Pouvez-vous me le rèchauffer?
Se pla é fruá. Puvé-vu me le reshofé?

Esta carne está poco hecha. ¿Pueden pasarla un poco más?
Cette viande n'est pas assz cuite. Pouvez-vous la cuire un peu plus?
Set viánd né pa asé cuít. Puvé-vu la cuír en pe pli?

¿Qué tienen de postre?
Qu'avez-vous comme dessert?
Kavé-vu com desér?

¿Tomarán café?
Prendrez-vous du café?
Prandré-vu di café?

La cuenta, por favor
L'addition, s'il vous plaît
Ladisión, silvuplé

¿Puedo pagar con tarjeta?
Acceptez-vous les cartes de crédit?
Aksepté-vu lé cart de credí?

Necesito la factura
Pouvez-vous me donner un reçu?
Puvé-vu me doné en resí?

Para usted
Voici pour vous
Vuasí pur vú

Por favor, ¿me da fuego?
Auriez-vous du feu, s'il vous plaît?
Orié-vu di fe, silvuplé

TÉRMINOS CULINARIOS

Frito Frit *Fri*	**Hervido** Bouilli *Buiyí*	**Asado** Rôti *Rotí*
Flambeado Flambé *Flambé*	**Tostado** Grillé *Griyé*	**Al horno** Au four *O fur*
Picante Piquant *Picán*	**Crudo** Cru *Cri*	**Agrio** Aigre *Egr*
Ahumado Fumé *Fimé*	**Salado** Salé *Salé*	**Soso** Fade *Fad*
Poco hecho Saignant *Señán*	**Bien hecho** À point *A puén*	**Muy hecho** Bien cuit *Bián cuí*

CONDIMENTOS

Sal Sel *Sel*	**Pimienta** Poivre *Puávr*	**Especia** Épice *Epís*
Aceite Huile *Uíl*	**Vinagre** Vinaigre *Vinégr*	**Salsa** Sauce *Sós*
Mostaza Moutarde *Mutárd*	**Mayonesa** Mayonnaise *Mayonés*	**Pimentón** Poivron *Puavrón*

ENTREMESES

Mantequilla	**Pan**	**Aceitunas**
Beurre	Pain	Olives
Ber	*Pen*	*Olív*
Queso	**Jamón**	**Embutidos**
Fromage	Jambon	Charcuterie
Fromásh	*Shambón*	*Sharkiterí*

HUEVOS

Frito	**Pasado por agua**	**Duro**
Frit	À la coque	Dur
Fri	*A la cok*	*Dir*
Revuelto	**Tortilla**	**Al plato**
Brouillé	Omelette	Sur le plat
Bruiyé	*Omlét*	*Sir le pla*

CARNE

Ternera	**Cerdo**	**Cordero**
Veau	Porc	Agneau
Vo	*Porc*	*Añó*
Buey	**Pollo**	**Pato**
Boeuf	Poulet	Canard
Bef	*Pulé*	*Canár*
Oca	**Hígado**	**Riñones**
Oie	Foie	Rognons
Uá	*Fuá*	*Roñón*

Carne picada	**Chuleta**	**Carne de caballo**
Viande hachée	Côtelette	Viande de cheval
Viánd ashé	*Cotlét*	*Viánd de sheválr*

Filete	**Solomillo**	**Asado**
Steak	Filet	Rôti
Sték	*Filé*	*Rotí*

PESCADO Y MARISCO

Sardina	**Anchoa**	**Atún**
Sardine	Anchois	Thon
Sardín	*Anchuá*	*Ton*
Lenguado	**Merluza**	**Bacalao**
Sole	Colin	Morue
Sol	*Colén*	*Morí*
Salmón	**Salmonete**	**Caballa**
Saumon	Rouget	Maquereau
Somón	*Rushé*	*Macró*
Anguila	**Arenque**	**Trucha**
Anguille	Hareng	Truite
Anguíy	*Arán*	*Truít*
Gamba	**Langostino**	**Langosta**
Crevette	Langoustine	Languste
Crevét	*Langustín*	*Langúst*
Mejillón	**Ostra**	**Cangrejo**
Moule	Huître	Crabe
Mul	*Uítr*	*Crab*

VERDURAS

Lechuga Laitue *Letí*	**Tomate** Tomate *Tomát*	**Patata** Pomme de terre *Pom de ter*
Pepino Concombre *Concómbr*	**Cebolla** Oignon *Oñón*	**Ajo** Ail *All*
Pimiento Piment *Pimán*	**Zanahoria** Carotte *Carót*	**Espinaca** Épinard *Epinár*
Espárrago Asperge *Aspérsh*	**Berenjena** Aubergine *Obershín*	**Seta** Champignon *Shampiñón*
Alcachofa Artichaut *Artishó*	**Col** Chou *Shu*	**Coliflor** Chou-fleur *Shu-fler*
Judías verdes Haricots verts *Aricó ver*	**Apio** Céleri *Selrí*	**Puerro** Poireau *Puaró*
Guisantes Petits pois *Petí puá*	**Maíz** Maïs *Maís*	**Remolacha** Betterave *Betráv*

FRUTAS Y POSTRES

Naranja Orange *Oránsh*	**Limón** Citron *Sitrón*	**Pomelo** Pamplemousse *Pamplemús*

Manzana Pomme *Pom*	**Pera** Poire *Puár*	**Melocotón** Pêche *Pesh*
Ciruela Prune *Prin*	**Albaricoque** Apricot *Apricó*	**Cereza** Cerise *Serís*
Fresa Fraise *Fres*	**Frambuesa** Framboise *Frambuás*	**Uva** Raisin *Resén*
Plátano Banane *Banán*	**Melón** Melon *Melón*	**Piña** Ananas *Ananá*
Pastel Gâteau *Gató*	**Tarta** Tarte *Tart*	**Helado** Glace *Glas*
Nata Crème *Crém*	**Natillas** Crème anglaise *Crem anglés*	**Queso** Fromage *Fromásh*

Macedonia de frutas Macédoine de fruits *Maseduán de fruí*	**Arroz con leche** Riz au lait *Risolé*

BEBIDAS

Agua Eau *O*	**Gaseosa** Limonade *Limonád*	**Vino** Vin *Ven*
Blanco Blanc *Blan*	**Tinto** Rouge *Rush*	**Rosado** Rosé *Rosé*
Seco Sec *Sec*	**Dulce** Doux *Du*	**Champán** Champagne *Shampáñ*
Ron Rhum *Rom*	**Ginebra** Gin *Shen*	**Aguardiente** Eau-de-vie *O de ví*
Licor Liqueur *Likér*	**Anís** Anisette *Anisét*	

PLATOS TÍPICOS

Boeuf bourguignone *(bef burguiñón)*. Buey a la borgoñesa.

Canard à l'orange *(canár a loránsh)*. Pato a la naranja.

Cassoulet *(cassulé)*. Especie de fabada.

Coq au vin *(cocovén)*. Gallo al vino.

Cuisses de grenouille *(cuís de grenu˝)*. Ancas de rana.

Escargots *(escargó)*. Caracoles.

Huîtres gratinées *(uítr gratiné)*. Ostras gratinadas.

Pot-au-feu *(potofé)*. Especie de cocido.

Ratatouille *(ratatuí)*. Pisto.

Sole à la meunière *(sol a la meniér)*. Lenguado a la campesina.

Truite aux amendes *(truít osamánd)*. Trucha con almendras.

TIENDAS

Carnicería Boucherie *Bushrí*	**Charcutería** Charcuterie *Sharkiterí*	**Estanco** Tabac-journaux *Tabá-shurnó*
Farmacia Pharmacie *Farmasí*	**Ferretería** Quincaillerie *Kencayerí*	**Floristería** Fleuriste *Flerist*
Frutería Fruitier *Fruitié*	**Grandes almacenes** Grand magasin *Gran magasén*	**Herboristería** Herboristerie *Erboristrí*
Joyería Bijouterie *Bishutrí*	**Lavandería** Blanchisserie *Blanshiserí*	**Librería** Librairie *Librerí*
Mercado Marché/ Halle *Marshé/Al*	**Panadería** Boulangerie *Bulansherí*	**Pastelería** Pâtisserie/ confiserie *Patiserí/confiserí*
Peluquería Salon de coiffure *Salón de cuafír*	**Perfumería** Parfumerie *Parfimerí*	**Pescadería** Poissonnerie *Puasonerí*
Óptica Opticien *Optisián*	**Papelería** Papeterie *Papetrí*	**Supermercado** Supermarché *Sipermarshé*

Tienda de fotos
Magasin de photographie
Magasén de fotografí

Tienda de comestibles
Épicerie
Episerí

Zapatería
Magasin de chaussures
Magasén de shosír

Antigüedades
Antiquités
Antikité

Artesanía
Travaux artisanaux
Travó artisanó

Recuerdos
Souvenirs
Suvenír

Abierto
Ouvert
Uvér

Cerrado
Fermé
Fermé

Caja
Caisse
Kés

Entrada
Entrée
Antré

Salida
Sortie
Sortí

Tirar
Tirez
Tiré

Empujar
Poussez
Pusé

Escaparate
Vitrine
Vitrín

Mostrador
Comptoir
Contuár

Dependiente/a
Vendeur/vendeuse
Vandér/vandés

Salida de emergencia
Sortie de secours
Sortí de sekúr

No se admiten cheques
Les chèques ne sont pas acceptés
Lé shek ne son pa akseptés

Libro de reclamaciones
Livre des réclamations
Livr dé reclamasión

EN UNA LIBRERÍA/QUIOSCO

Libro Livre *Livr*	**Diccionario** Dictionnaire *Diksionér*	**Novela** Roman *Román*
Postal Carte postale *Cart postál*	**Periódico** Journal *Shurnó*	**Revista** Revue/magazine *Reví/magasín*
Bolígrafo Stylo(-bille) *Stiló(-biy)*	**Pluma** Stylo *Stiló*	**Lápiz** Crayon *Creyón*
Rotulador Marqueur *Markér*	**Sobre** Enveloppe *Anvelóp*	**Papel de carta** Papier à lettres *Papié a letr*
Guía Guide *Guid*	**Mapa** Carte *Cart*	**Plano** Plan *Plan*

Déme ...
Donnez-moi ...
Doné-muá ...

Quería/quisiera ...
Je voudrais/j'aimerais ...
She vudré/shemeré ...

¿Tiene periódicos/revistas/libros españoles?
Avez-vous des journaux/revues/livres espagnols?
Avé-vu dé shurnó/reví/livr españól?

¿Dónde puedo comprar un mapa de carreteras?
Où est-ce que je peux acheter une carte routière?
U ésske she pe ashté in cart rutiér?

Estoy buscando un libro sobre ... ¿Puede ayudarme?
Je cherche un livre sur ... Pouvez-vous m'aider?
She shersh en livr sir ... Puvé-vu medé?

Quisiera un libro sobre la historia y el arte de esta ciudad
Je voudrais un livre sur l'histoire et l'art de cette ville
She vudré en livr sir listuár é lar de set vil

¿Está traducido al español?
Est-il traduit en espagnol?
Etíl traduí anespañól?

EN UNA FARMACIA

Receta
Ordonnance
Ordonáns

Pastilla
Pastille
Pastíy

Píldora
Pilule
Pilíl

Jarabe
Sirop
Siró

Pomada
Pommade
Pomád

Supositorio
Suppositoire
Sipositiár

Laxante
Laxatif
Laksatíf

Calmante
Calmant
Calmán

Inyección
Piqûre
Pikír

Venda
Bandage
Bandásh

Tiritas
Pansements
Pansmán

Algodón
Coton
Cotón

Gasa
Gaze
Gas

Alcohol
Alcool
Alcool

Termómetro
Thermomètre
Termométr

Compresas
Serviettes hygiéniques
Serviét ishieník

Pañales
Couche-culotte
Cush-kilót

Pasta de dientes
Dentifrice
Dantifrís

Cepillo de dientes
Brosse à dents
Brosadán

Pañuelos de papel
Mouchoirs en papier
Mushuár an papié

Farmacia de guardia
Pharmacie de garde
Farmasí de gard

¿Puede darme algo contra ...?
Pourriez-vous me donner quelque chose contre ...?
purié-vu me doné kelk shos contr ...?

Fiebre
Fièvre
Fiévr

Resfriado
Rhume
Rim

Tos
Toux
Tu

Dolor de cabeza
Mal à la tête
Malalatét

Dolor de muelas
Mal aux dents
Malodán

Diarrea
Diarrhée
Diaré

Estreñimiento
Constipation
Constipasión

Mareo
Mal au coeur
Malokér

Insomnio
Insomnie
Ensomní

Quemadura
Brûlure
Brilír

Picadura
Piqûre
Pikír

Insolación
Coup de soleil
Cú de soléi

EN UNOS GRANDES ALMACENES

Escaleras	**Escaleras mecánicas**	**Ascensor**
Escaliers	Escalator	Ascenseur
Escalié	*Escalatór*	*Asansér*

Estantería	**Probador**	**Rebajas**
Étagère	Cabine d'essayage	Soldes
Etashér	*Cabín deseyásh*	*Sold*

Planta baja	**Primera, segunda, ... planta**
Rez-de-chaussée	Premier, deuxième, ... étage
Ré de shosé	*Premié, desiém, ... etásh*

Sección de discos/regalos/juguetes/deporte ...
Rayon Disques/Cadeaux/Jouets/Sport...
Reyón Disk/Cadó/Shué/Spór...

ROPA Y ACCESORIOS

Abrigo	**Impermeable**	**Gabardina**
Manteau	Imperméable	Gabardine
Mantó	*Empermeábl*	*Gabardín*

Pantalones	**Vaqueros**	**Pantalones cortos**
Pantalon	Jean	Short
Pantalón	*Shiín*	*Short*
Jersey	**Chaqueta**	**Camiseta**
Pull-over	Veste	Maillot de corps
Pil-over	*Vest*	*Mayó de cor*
Chaleco	**Camiseta**	**Calzoncillos**
Gilet	Tee-shirt	Slip
Shilé	*Ti-shert*	*Slip*
Calcetines	**Corbata**	**Camisa**
Chaussettes	Cravate	Chemise
Shosét	*Cravát*	*Shemís*
Blusa	**Falda**	**Rebeca**
Blouse	Jupe	Cardigan
Blus	*Ship*	*Cardigán*
Traje	**Vestido**	**Traje de noche**
Costume	Robe	Robe de nuit
Costím	*Rob*	*Rob de nuí*
Sujetador	**Medias**	**Bragas**
Soutien-gorge	Collants	Culotte
Sutián-gorsh	*Colán*	*Kilót*
Bata	**Pijama**	**Camisón**
Robe de chambre	Pyjama	Chemise de nuit
Rob de shambr	*Pishamá*	*Shemís de nuí*
Guantes	**Bufanda**	**Paraguas**
Gants	Écharpe	Parapluie
Gan	*Eshárp*	*Parapluí*

Pañuelo
Mouchoir
Mushuár

Cinturón
Ceinture
Sentír

Bolso
Sac à main
Sacamén

Monedero
Portemonnaie
Portmoné

Sombrero
Chapeau
Shapó

Abanico
Éventail
Evantáy

Anillo
Bague
Bag

Pendiente
Boucle d'oreille
Bucl doréy

Pulsera
Bracelet
Braslé

Bañador
Maillot de bain
Maiyó de ben

Chándal
Survêtement
Sirvetmán

Materiales

Algodón
Coton
Cotón

Piel
Cuir
Cuír

Lino
Lin
Len

Lana
Laine
Len

Terciopelo
Velours
Velúr

Seda
Soie
Suá

Viscosa
Viscose
Viscós

Nilón
Nylon
Nilón

Raso
Satin
Satén

Colores

Blanco
Blanc
Blan

Negro
Noir
Nuár

Rojo
Rouge
Rush

Azul	**Amarillo**	**Marrón**
Bleu	Jaun	Marron
Ble	*Shon*	*Marón*
Verde	**Gris**	**Malva**
Vert	Gris	Mauve
Ver	*Gri*	*Mov*
Morado	**Naranja**	**Rosa**
Violet	Orange	Rose
Violé	*Oránsh*	*Ros*

Claro	**Oscuro**
Clair	Foncé
Cler	*Fonsé*

¿En qué planta está la sección de deportes?
À quel étage se trouve le rayon Sport?
Akeletásh se truv le reyón spor?

En la planta baja
Au rez-de-chaussée
O ré de shosé

Quisiera ver algunas camisas de rayas
Je voudrais voir les chemises à rayures
She vudré vuár lé shemís a reyír

La quiero de manga corta (larga)
Je la veux avec des manches courtes/longues
She la ve avéc dé mansh curt/long

¿De qué es?
C'est en quoi ça?
Setan kuá sá?

¿Tienen otros modelos?
Avez-vous d'autres modèles?
Avé-vu dotr modél?

¿De qué talla, por favor?
Quelle taille, s'il vous plaît?
Kel táy, silvuplé?

¿Me irá bien ésta?
Est-ce que cette taille m'ira bien?
Ésske set táy mirá bián?

¿Dónde está el probador?
Où est la cabine d'essayage?
U é la cabín deseyásh?

Voy a probármela
Je vais l'essayer
She vé leseyé

¿Cómo le queda?
Comment le trouvez-vous?
Comán le truvé-vu?

El cuello me queda un poco apretado
Le col est un peu serré
Le col etenpé seré

Me hace una arruga aquí
Il y a un pli ici
Iliá en pli isí

Voy a probarme una talla mayor
Je vais essayer une taille plus grande
She vé eseyé in táy pli gran

Me quedo con ésta
Je la prends
She la pran

Por favor, enséñeme corbatas de seda natural
S'il vous plaît, montrez-moi des cravates en soie naturelle
Silvuplé, montré-muá dé cravát an suá natirél

¿De qué color?
De quelle couleur?
De kel culér?

Me gusta éste/ésta
Celui-ci/celle-ci me plaît
Selui-sí/sel-sí me plé

¿Cuánto es todo?
Combien le tout?
Combián le tu?

¿Dónde está la caja?
Où est la caisse?
U é la kes?

¿En efectivo o con tarjeta?
En liquide ou avec carte bleu?
An likíd u avéc cart bleu?

¿Podría envolvérmelo para regalo?
Pouvez-vous me faire un paquet-cadeau?
Puvé-vu me fer en paké-cadó?

EN UNA ZAPATERÍA

Zapatos
Chaussures
Sulié

Botas
Bottes
Bot

Sandalias
Sandales
Sandál

Suela
Semelle
Semél

Tacón
Talon
Talón

Cordón
Lacet
Lasé

Piel
Cuir
Cuír

Ante
Daim
Den

Goma
Caoutchouc
Kautshú

Mocasines
Mocassins
Mocasén

Zapatillas
Pantoufles
Pantúfl

Deseo un par de zapatos de tacón alto
Je voudrais une paire de chaussures à talons hauts
She vudré in per de shosír a talón ó

¿Cómo los quiere?
Comment les voulez-vous?
Comán lé vulé-vu?

Con cordones y que sean buenos para la lluvia
Avec des lacets et impermèables
Avéc dé lasé é empermeábl

¿Qué número calza?
Quelle est votre pointure?
Kelé votr puantír?

Me aprietan un poco
Ils me gênent un peu
Il me shen en pe

Me quedan demasiado grandes
Ils sont trop grands
Il son tró gran

Pruébese este otro número
Essayez ce numéro
Eseyé se nimeró

Éstos me están bien
Ceux-ci me vont bien
Se-sí me von bián

¿Cuánto valen?
Quel est leur prix?
Kelé ler pri?

EN UNA PERFUMERÍA

Jabón
Savon
Savón

Champú
Shampooing
Shampuén

Desodorante
Deódorant
Deodorán

Gel de baño
Gel douche
Shel dush

Laca
Laque
Lak

Bronceador
Crème bronzante
Crém bronsánt

Peine
Peigne
Peñ

Cepillo
Brosse
Bros

Cepillo de dientes
Brosse à dents
Brosadán

Pasta de dientes
Dentifrice
Dantifrís

Tijeras
Ciseaux
Sisó

Colonia
Eau de Cologne
O de colóñ

Maquillaje
Maquillage
Maquiyásh

Esmalte
Vernis
Verní

Rímel
Rimmel
Rimél

Barra de labios
Rouge à lèvres
Rushalévr

Depilatorio
Crème épilatoire
Crém epilatuár

Crema limpiadora
Crème nettoyante
Crém netuayánt

Crema nutritiva
Crème nutritive
Crém nitritív

Perfume
Parfum
Parfén

Espuma (para el cabello)
Mousse coiffante
Mus cuafánt

Maquinilla de afeitar
Rasoir
Rasuár

Loción
Lotion
Losión

Espuma de afeitar
Mousse à raser
Musarasé

EN UNA TIENDA DE FOTOS

Cámara
Appareil photo
Aparéy fotó

Objetivo
Objectif
Obyectíf

Visor
Viseur
Visér

Filtro
Filtre
Filtr

Diafragma
Diaphragme
Diafrágm

Disparador
Déclencheur
Declanshér

Carrete
Pellicule
Pelikíl

Color
Couleur
Culér

Blanco y negro
Noir et blanc
Nuareblán

Diapositiva
Diapositive
Diapositiv

Negativo
Négatif
Negatíf

Tamaño
Grandeur
Grandér

Ampliación	**Copia**	**Foto**
Agrandissement	Copie	Photo
Agrandismán	*Copí*	*Fotó*

Pila	**Brillo**	**Mate**
Batterie	Brillant	Mate
Batrí	*Briyán*	*Mat*

Por favor, ¿me da un carrete de 24 fotos para esta cámara?
Je voudrais une pellicule de 24 poses pour cet appareil
She vudré in pelikíl de venkátr pos pur setaparéy

¿Puede revelar este carrete y sacar dos copias de cada foto?
Pouvez-vous développer cette pellicule et tirer deux exemplairs de chaque photo?
Puvé-vu developé set pelikíl é tiré de copí de shak fotó?

¿Puede ampliarme estas copias?
Pouvez-vous agrandir ces copies?
Puvé-vu agrandír sé copí?

¿Cuánto cuesta el revelado?
Quel est le prix du développement?
Kelé le pri di developmán?

¿Hace Vd. fotos de carné?
Faites-vous des photos d'identité?
Fesé-vu dé fotó didantité?

Mi cámara no funciona, ¿puede Vd. ver qué le pasa?
Mon appareil ne fonctionne plus. Pouvez-vous voir ce qui ne va pas?
Monaparéy ne fonksión pli. Puvé-vu vuár se ki ne va pa?

EN UNA ÓPTICA

Gafas	**Lentes de contacto**	**Gafas de sol**
Lunettes	Verres de contact/ Lentilles	Lunettes de soleil
Linét	*Ver de contáct/lentíy*	*Linét de soléy*

Se me ha roto un cristal. ¿Pueden hacerme otro nuevo?
J'ai cassé un verre de mes lunettes. Pouvez-vous en refaire un neuf?
Shé casé en ver de me linét. Puvé-vu an refér en nef?

¿Cuándo estarán listas?
Quand seront-elles prêtes?
Kan serontél prét?

Quiero revisarme la vista
Pouvez-vous me faire une ordonnance pour de nouveaux verres?
Puvé-vu me fer in ordonáns pur de nuvó ver?

Necesito un líquido limpiador de lentillas
J'ai besoin du liquide pour nettoyer les lentilles
Shé besuén di likíd pur netuayé lé lantíy

EN UNA FLORISTERÍA

Rosa Rose *Ros*	**Clavel** Oeillet *Eyé*	**Margarita** Marguerite *Margrít*
Orquídea Orchidée *Orkidé*	**Lirio** Lis *Lis*	**Azucena** Lis blanc *Lis blan*
Violeta Violette *Violét*	**Pensamiento** Pensée *Pansé*	**Dalia** Dahlia *Daliá*
Nardo Nard *Nar*	**Gardenia** Gardenia *Gardeniá*	**Jacinto** Hyacinthe *Yasínt*
Narciso Narcisse *Narsís*	**Crisantemo** Chrysanthème *Crisantém*	**Tulipán** Tulipe *Tilíp*

Quería encargar un ramo de flores
Je voudrais commander un bouquet de fleurs
She vudré comandé en buké de fler

Puede escoger entre rosas o claveles de varios colores
Vous pouvez choisir entre des roses ou des oeillets de differentes couleurs
Vu puvé shuasír antr dé ros u deseyé de diferánt culér

Deseo un ramo de flores secas
Je veux un bouquet de fleurs sèches
She ve en buké de fler sesh

¿Cómo se llaman estas flores?
Comment s'appellent ces fleurs?
Comán sapél sé fler?

¿Cuánto cuesta este helecho?
Quel est le prix de cette fougère?
Kelé le pri de set fushér?

¿Pueden mandarlo a esta dirección mañana antes de las doce?
Pouvez-vous l'envoyer à cette adresse demain avant midi?
Puvé-vu lanvuayé a set adrés demén aván midí

Envíen también esta tarjeta, por favor
Envoyez aussi cette carte, s'il vous plaît
Anvuayé osí set cart, silvuplé

EN UN ESTANCO

Tabaco
Tabac
Tabá

Periódicos
Journaux
Shurnó

Cigarrillo
Cigarette
Sigarét

Rubio/negro
Blond/brun
Blon/bren

Puro
Cigare
Sigár

Cerillas
Allumettes
Alimét

Encendedor
Briquet
Briké

Pipa
Pipe
Pip

Boquilla
Fume-cigarette
Fim-sigarét

Déme un paquete de cigarrillos sin filtro, por favor
Donnez-moi un paquet de cigarettes sans filtre, s'il vous plaît
Doné-muá en paké de sigarét san filtr, silvuplé

Déme también una caja de cerillas, por favor
Donnez-moi aussi une boîte d'allumettes, s'il vous plaît
Doné-muá osí in buát dalimét, silvuplé

EN UNA PELUQUERÍA

Peluquero Coiffeur *Cuafér*	**Pelo (cabello)** Cheveux *Shevé*	**Tijeras** Ciseaux *Sisó*
Peine Peigne *Peñ*	**Cepillo** Brosse *Bros*	**Secador** Sèche-cheveux *Sesh-shevé*
Corte de pelo Coupe *Cup*	**Lavado** Shampooing *Shampuén*	**Peinado** Coiffure *Cuafír*
Manicura Manicure *Manikír*	**Tinte** Teinture *Tentír*	**Afeitado** Raser *Rasé*
Barba Barbe *Barb*	**Bigote** Moustache *Mustásh*	**Patillas** Favoris *Favorí*
Flequillo Frange *Fransh*	**Rizo** Boucle *Bucl*	**Trenza** Tresse *Tres*

Deseo afeitarme
Faites-moi la barbe, s'il vous plaît
Fet-muá la barb, silvuplé

Córteme el pelo a navaja
Je voudrais une coupe à rasoir
She vudré in cuparasuár

¿Qué va a ser, señora?
Que désirez-vous, madame?
Ke desiré-vu, madám?

Quiero un corte como éste
Je désire une coupe comme celle-ci
She desír in cup com sel-sí

No me corte mucho
Pas trop court
Pa tro cur

Quisiera teñirme el pelo/hacerme un moldeador
Je voudrais me teindre les cheveux/me faire une mini-vague
She vudré me doné in tentír/me fer in minivág

¿Del mismo color?
La même couleur?
La mem culér?

Un poco más oscuro/claro
Un peu plus foncée/claire
En pe pli fonsé/cler

El agua está demasiado caliente/fría
L'eau est trop chaude/froide
Lo é tro shod/fruád

Tengo el cabello graso/seco
J'ai les cheveux gras/secs
Shé lé shevé gra/sec

¿Cómo la peino?
Comment voulez-vous que je vous peigne?
Comán vulé-vu ke she vu peñ?

Todo hacia atrás, sin raya
Tout en arrière, sans raie
Tutanariér, san ré

Como le parezca
Comme vous voudrez
Com vu vudré

Así está bien, gracias
C'est bien comme ça, merci
Sé bián comsá, mersí

MUSEOS Y OTROS LUGARES DE INTERÉS

Museo Musée *Misé*	**Catedral** Cathédrale *Catedrál*	**Monumento** Monument *Monimán*
Horas de visita Heures de visite *Er de visít*	**Entrada libre** Entrée libre *Antré libr*	**Entrada** Billet *Biyé*
Abierto Ouvert *Uver*	**Cerrado** Fermé *Fermé*	**Catálogo** Catalogue *Catalóg*
Guía Guide *Guid*	**Sala** Salle *Sal*	**Exposición** Exposition *Exposisión*

Cuadro Tableau *Tabló*	**Dibujo** Dessin *Desén*	**Grabado** Gravure *Gravír*
Arte Art *Ar*	**Escultura** Sculpture *Skiltír*	**Pintura** Peinture *Pentír*
Capilla Châpelle *Shapél*	**Claustro** Cloître *Cluátr*	**Cúpula** Coupole *Cupól*
Palacio Palais *Palé*	**Torre** Tour *Tur*	**Patio** Cour *Cur*
Mármol Marbre *Marbr*	**Bronce** Bronze *Brons*	**Piedra** Pierre *Piér*

¿Qué lugares de interés hay en esta ciudad?
Quels sont les centres d'intérêt touristique de cette ville?
Kélson lé santr denteré turistík de set vil?

El museo ..., la iglesia de ... y el Ayuntamiento tienen un especial interés turístico
Le musée ..., l'église de ... et l'hôtel de ville ont un intérêt touristique spécial
Le misé ..., leglís de ... é lotél de vil on enenteré turistík spesiál

¿A qué hora abre el Museo de Bellas Artes?
À quelle heure ouvre le Musée de Beaux-Arts?
Akelér uvr le misé de bosár?

¿Se puede hacer una visita con guía?
Est-ce qu'on peut faire une visite guidée?
Ésskon pe fer in visít guidé?

Prohibido hacer fotografías
Défense de photographier
Defáns de fotografié

¿De qué siglo es?
A quel siècle appartient-il?
A kél siécl apartientíl?

DIVERSIONES

Sala de conciertos	**Teatro**	**Cine**
Salle de concerts	Théâtre	Cinéma
Sal de consér	*Teátr*	*Sinemá*
Entrada	**Taquilla**	**Cartel**
Billet	Guichet	Affiche
Biyé	*Guishé*	*Afísh*
Asiento	**Fila**	**Pasillo**
Place	Rang	Couloir
Plas	*Ran*	*Culuár*
Guardarropa	**Acomodadora**	**Estreno**
Vestiaire	Ouvreuse	Première
Vestiér	*Uvrés*	*Premiér*

Venta anticipada
Vente anticipée
Vantantisipé

Agotadas las localidades
Complet
Complé

CONCIERTOS

Música	**Músico**	**Orquesta**
Musique	Musicien	Orchestre
Misík	*Misisián*	*Orkéstr*
Director	**Cantante**	**Público**
Chef d'orchestre	Chantant/e	Public
Shef dorkéstr	*Shantan/t*	*Piblíc*

¿Qué orquesta toca?
Quelle orchestre joue?
Kelorkéstr shu?

Déme dos palcos para el concierto de esta noche
Donnez-moi deux loges pour le concert de ce soir, s'il vous plaît
Doné-muá de losh pur le consér de se suár, silvuplé

Deseo un asiento en la fila ...
Je voudrais une place du rang ...
She vudré in plas di ran ...

TEATRO

Obra	**Actor**	**Actriz**
Pièce	Acteur	Actrice
Piés	*Actér*	*Actrís*
Escenario	**Telón**	**Decorado**
Scène	Rideau	Décors
Sén	*Ridó*	*Decór*
Función	**Acto**	**Entreacto**
Séance	Acte	Entracte
Seáns	*Akt*	*Antrákt*

¿Qué ponen en el Teatro ... esta noche?
Quelle pièce joue-t-on ce soir au théâtre ...?
Kel piés shutón se suár o teátr ...?

¿A qué hora empieza?
À quelle heure commence-t-elle?
Akelér comanstél?

¿Cuánto dura la obra?
Combien dure-t-elle?
Combián dirtél?

Dos butacas centrales, por favor
Deux fauteuils au centre, s'il vous plaît
De fotéy o santr, silvuplé

CINE

Película	**Pantalla**	**Sesión**
Film	Écran	Séance
Film	*Ecrán*	*Seáns*

Documental	**Dibujos animados**
Documentaire	Dessins animés
Dokimantér	*Desensanimé*

¿Dónde proyectan la nueva película de ...?
Où est-ce que l'on projette le nouvel film de ...?
U ésske lon proshét le nuvél film de ...?

¿Es en versión original con subtítulos?
C'est en version originale sous-titrée/en V.O.?
Setan versión orishinál sutitré/an ve-ó?

No, está doblada
Non, c'est un film doublé
No, seten film dublé

EN LA PLAYA/PISCINA

Playa Plage *Plash*	**Mar** Mer *Mer*	**Piscina** Piscine *Pisín*
Arena Sable *Sabl*	**Ola** Vague *Vag*	**Orilla** Bord *Bor*
Barca Barque *Bark*	**Sombrilla** Parasol *Parasól*	**Tumbona** Transat *Transá*
Bañador Maillot de bain *Mayó de ben*	**Trampolín** Plongeoir *Plonshuár*	**Ducha** Douche *Dush*

¿Es peligroso bañarse aquí?
Est-il dangereux de se baigner ici?
Etíl dansheré de se beñé isí?

El agua está sucia
L'eau est très sale
Lo é tré sal

Hay muchas rocas
Il y a beaucoup de roches
Iliá bocú de rosh

DE CAMPING

Camping	**Tienda de campaña**	**Caravana**
Camping	Tente	Caravane
Camping	*Tant*	*Caraván*
Saco de dormir	**Martillo**	**Linterna**
Sac de couchage	Marteau	Lampe de poche
Sac de cushásh	*Martó*	*Lamp de posh*
Bombona de butano	**Abrelatas**	**Navaja**
Bouteille à gaz	Ouvre-boîtes	Canif
Butéy a gas	*Uvr-buát*	*Caníf*
Sacacorchos	**Enchufe**	**Servicios**
Tire-bouchons	Prise de courant	Toilettes
Tir-bushón	*Pris de curán*	*Tualét*

Estoy buscando un camping cerca de la playa
Je cherche un camping près de la plage
She shersh en camping pré de la plash

¿Cuál es la tarifa diaria?
Quel est le prix par jour?
Kelé le pri par shur?

¿Podemos montar la tienda aquí?
Est-ce qu'on peut camper ici?
Esskon pe campé isí?

¿Dónde puedo aparcar el coche?
Où est-ce que je peux stationner ma voiture?
U ésske she pe stasioné ma vuatír?

Quiero quedarme ... días
Je pense y rester ... jours
She pans í resté ... shur

¿Es agua potable?
L'eau est-elle potable?
Lo etél potábl?

¿Podemos encender fuego?
Est-ce qu'on peut faire du feu?
Ésskon pe fer di fe?

¿Está vigilado?
Est-il surveillé?
Etíl sirveyé?

¿Hay un supermercado cerca?
Y a-t-il un supermarché près d'ici?
Iatíl en sipermarshé pré disí?

DEPORTES

Centro deportivo	**Pista de tenis**	**Gimnasio**
Centre sportif	Court de tennis	Gymnase
Santr sportif	*Cort de tenís*	*Shimnás*
Campo de golf	**Campo de fútbol**	**Piscina**
Terrain de golf	Terrain de foot	Piscine
Terén de golf	*Terén de fut*	*Pisín*

Quisiera alquilar unos palos de golf
Je voudrais louer des clubs de golf
She vudré lué dé cleb de golf

¿Hay monitores de esquí acuático?
Y a-t-il des moniteurs de ski nautique?
Iatíl dé monitér deskí notík?

¿Cuánto cuesta una hora de clase?
Combien coûte une leçon?
Combián cut in lesón?

Quisiera reservar una pista para mañana a las ...
Je voudrais résérver une piste pour demain à ...
She vudré reservé in psit pur demén a ...

BANCOS

Banco Banque *Bank*	**Caja de ahorros** Caisse d'épargne *Kes depárñ*	**Cambio** Change *Shansh*
Dinero Argent *Arshán*	**Moneda** Monnaie *Moné*	**Billete** Billet *Biyé*
Cheque Chèque *Shek*	**Tarjeta de crédito** Carte de crédit *Cart de credí*	**Cheque de viaje** Chèque de voyage *Shek de vuayásh*
Cotización Cours *Cur*	**Divisas** Devises *Devís*	**Ventanilla** Guichet *Guishé*
Caja Caisse *Kes*	**Recibo** Reçu *Resí*	**Cuenta** Compte *Cont*

Cuenta corriente
Compte courant
Cont curán

Letra de cambio
Lettre de change
Letr de shansh

Cajero automático
Distributeur automatique de billets
Distribitér otomatík dé biyé

Dinero en efectivo
Argent liquide
Arshán likíd

¿Dónde puedo cambiar dinero?
Où est-ce que je peux changer de l'argent?
U ésske she pe shanshé de larshán?

¿Cuál es el horario de los bancos?
Quel est l'horaire des banques?
Kelé lorér dé bank?

Quería cambiar este cheque de viaje
Je voudrais changer ce chèque de voyage
She vudré shanshé se shek de vuayásh

¿Han recibido una transferencia de ... a nombre de ...?
Avez-vous reçu un virement de ... au nom de ...?
Avé-vu resí en virmán de ... o non de ...?

¿Puedo cobrar este cheque al portador?
Est-ce que je peux encaisser ce chèque au porteur?
Ésske she pe enkesé se shekoportér?

Firme aquí, por favor
Signez ici, s'il vous plaît
Siñé isí, silvuplé

Pase por caja/ventanilla nº ...
Passez à la caisse/guichet numéro ...
Pasé a la kes/guishé nimeró ...

CORREOS

***PTT** (Poste, Téléphone et Télegrammes). Correos y Telégrafos

Correos
Bureau de poste
Biró de post

Carta
Lettre
Letr

Postal
Carte postale
Cart postal

Sello
Timbre
Tembr

Franqueo
Afranchissement
Afranshismán

Paquete
Paquet/colis
Paké/colí

Lista de correos
Poste restante
Post restánt

Dirección
Adresse
Adrés

Código postal
Code postal
Cod postál

Remitente
Expéditeur
Expeditér

Destinatario
Destinataire
Destinatér

Por correo
Par la poste
Par la post

Por avión
Par avion
Paravión

Carta certificada
Lettre recommandée
Letr recomandé

Carta urgente
Lettre exprès
Letr expré

Impresos
Imprimés
Emprimé

Contra reembolso
Contre remboursement
Contr rambursmán

Apartado de correos
Boîte postale
Buat postál

¿A qué hora abre Correos?
À quelle heure ouvre le bureau de poste?
Akelér uvr le biró de post?

¿Cuál es el franqueo de una postal para España?
Combien coûte une carte postale pour l'Espagne?
Combián cut in cart postál pur lespáñ?

Quiero enviar este paquete por avión
Je voudrais envoyer ce paquet par avion
She vudré anvuayé se paké paravión

¿Puede ayudarme a rellenar este impreso?
Pouvez-vous m'aider à remplir cet imprimé?
Puvé-vu medé a ramplír setemprimé?

¿Hay cartas a nombre de ... en Lista de Correos?
Y a-t-il quelque lettre au nom de ... à la poste restante?
Iatíl kelk letr o non de ... a la post restánt?

¿Qué documentos necesito para recoger un paquete?
Quelles sont les pièces d'identité dont j'ai besoin pour retirer un colis?
Kel son lé piés didantité don she besuén pur retiré en colí?

Deseo cobrar este giro postal
Je voudrais encaisser ce mandat postal
She vudré ankesé se mandá postál

TELÉFONOS

Cabina
Cabine
Cabín

Llamada
Appel
Apél

Número
Numéro
Nimeró

Prefijo
Indicatif
Endicatíf

Monedas
Monnaie
Moné

Ficha
Jeton
Shetón

Quiero hacer una llamada a cobro revertido
Je voudrais téléphoner en PCV
She vudré telefoné an pesevé

¿Cuál es el prefijo de ...?
Quel est l'indicatif de ...?
Kelé lendicatíf de ...?

¿Cuál es el número de Información?
Quel est le numéro du Poste de Reinsegnements?
Kelé le nimeró di post de renseñmán?

No contestan
Il n'y a pas de réponse
Il niá pa de repóns

Está comunicando
C'est occupé
Setokipé

Se ha equivocado
Vous vous êtes trompé
Vu vusét trompé

¡Dígame!
Allô!
Aló!

Soy ...
Ici ...
Isí ...

¿Puedo hablar con ...?
Je voudrais parler à ...
She vudré parlé a ...

Soy yo
C'est moi/Lui-même/elle-même
Sé muá/Luí mem/el mem

Un momento, por favor
Un instant, s'il vous plaît
Enenstán, silvuplé

¿De parte de quién?
C'est de la part de qui?
Sé de la par de kí?

No cuelgue
Ne quittez pas
Ne kité pa

No está. Ha salido
Il n'est pas là. Il est sorti
Il né pa la. Ilé sortí

¿Quiere dejarle un recado?
Voulez-vous laisser un message?
Vulé-vu lesé en mesásh?

Dígale que ... ha llamado
Dites-lui que ... a téléphoné
Dit-luí ke ... a telefoné

SALUD

El cuerpo humano

Cabeza Tête *Tet*	**Cara** Visage *Visásh*	**Ojo** Oeil *Ey*
Nariz Nez *Né*	**Oído** Oreille *Oréy*	**Boca** Bouche *Bush*
Lengua Langue *Lang*	**Garganta** Gorge *Gorsh*	**Cuello** Cou *Cu*
Hombro Épaule *Epól*	**Brazo** Bras *Bra*	**Codo** Coude *Cud*
Muñeca Poignet *Puañé*	**Mano** Main *Men*	**Dedo** Doigt *Duá*
Espalda Dos *Do*	**Pecho** Poitrine *Puatrín*	**Pierna** Jambe *Shamb*
Rodilla Genou *Shenú*	**Pie** Pied *Pié*	**Vientre** Ventre *Vantr*

Corazón
Coeur
Ker

Estómago
Estomac
Estomá

Pulmón
Poumon
Pumón

Hígado
Foie
Fuá

Riñones
Reins
Ren

Intestinos
Intestins
Entestén

MÉDICO

Médico
Médecin
Medsén

Enfermera
Infirmière
Enfirmiér

Paciente
Patient
Pasián

Enfermedad
Maladie
Maladí

Dolor
Douleur
Dulér

Consulta
Cabinet médical
Cabiné medicál

Sala de espera
Salle d'attente
Sal datánt

Rayos X
Rayon X
Reyón iks

Receta
Ordonnance
Ordonáns

Presión sanguínea
Pression sanguine
Presión sanguín

Grupo sanguíneo
Groupe sanguin
Grup sanguén

¿Puede llamar a un médico?
Pouvez-vous faire venir un médecin?
Puvé-vu fer venír en medsén?

¿Conoce a algún médico que hable español?
Connaissez-vous un médecin qui parle l'espagnol?
Conesé-vu en medsén ki parl lespañól?

¡Llévenme al hospital!
Conduisez-moi à l'hôpital!
Conduisé-muá a lopitál!

No me siento bien
Je ne me sens pas bien
She ne me san pa bián

¿Qué le pasa?
Qu'avez-vous?
Kavevú?

Tengo ...
J'ai ...
Shé ...

gripe
grippe
grip

dolor de cabeza
mal à la tête
mal a la tet

dolor de estómago
mal à l'estomac
mal a lestomá

dolor de garganta
mal à la gorge
mal a la gorsh

tos
toux
tu

fiebre
fièvre
fiévr

Estoy resfriado/a
Je suis enrhumé(e)
She suí anrimé

Tengo mareos
J'ai des vertiges
Shé dé vertísh

Creo que me he roto una pierna
Je crois que je me suis cassé la jambe
She cruá ke she me suí casé la shamb

Me he torcido un tobillo
Je me suis tordu la cheville
She me suí tordí la shevíy

Me cuesta trabajo respirar
J'ai des difficultés pour respirer
Shé dé difikilté pur respiré

¿Dónde le duele?
Où avez-vous mal?
U avé-vu mal?

¿Desde cuándo está enfermo?
Depuis quand êtes-vous malade?
Depuí kan et-vu malád?

Soy alérgico/a a ...
Je suis allergique à ...
She suí alershík a ...

Estoy embarazada de ... semanas
Je suis enceinte de ... semaines
She suisansént de ... semén

Respire, tosa, saque la lengua
Respirez, toussez, tirez la langue
Respiré, tusé, tiré la lang

Quítese la ropa, por favor
Déshabillez-vous, s'il vous plaît
Desabiyé-vu, silvuplé

Debe quedarse en cama ... días
Vous devez rester au lit pendant ... jours
Vu devé resté olí pandán ... shur

Tome estos comprimidos cada ... horas
Prenez ces comprimés, toutes les ... heures
Prené sé cashé, tut lé ... er

DENTISTA

Diente	**Muela**	**Muela del juicio**
Dent	Molaire	Dent de la sagesse
Dan	*Dan (molér)*	*Dan de la sashés*
Encía	**Caries**	**Empaste**
Gencive	Carie	Plombage
Shansív	*Carí*	*Plombásh*

Me duele este diente/muela
Cette dent me fait mal
Set dan me fé mal

Habrá que sacarla
Il faudra l'arracher
Il fodrá larashé

Déme un calmante, por favor
Donnez-moi un calmant, s'il vous plaît
Doné-muá en calmán, silvuplé

Se me ha caído un empaste
J'ai perdu un plombage
Shé perdí en plombásh

¿Puede empastármelo en seguida?
Pouvez-vous la plomber tout de suite?
Puvé-vu la plombé tu de suít?

COMISARÍA

Comisaría Commissariat *Comisariá*	**Policía** Police *Polís*	**Policía (agente)** Agent de police *Ashán de polís*
Denuncia Plainte *Plent*	**Declaración** Déclaration *Declarasión*	**Abogado** Avocat *Avocá*
Robo Vol *Vol*	**Atraco** Vol à main *Volamén*	**Accidente** Accident *Aksidán*
Pasaporte Passeport *Paspór*	**Cartera** Portefeuille *Portféy*	**Bolso** Sac à main *Sacamén*

¿Dónde está la comisaría más próxima?
Où se trouve le commissariat le plus proche?
U se truv le comisariá le pli prosh?

Vengo a poner una denuncia
Je viens déposer une plainte
She vián deposé in plent

Me han robado el/la ...
On m'a volé mon/ma ...
On ma volé mon/ma ...

Me han golpeado
On m'a agressé
On ma agresé

Mi ... ha desaparecido
Mon/ma ... a disparu
Mon/ma ... a disparí

Se me ha perdido el pasaporte
J'ai perdu mon passeport
Shé perdí mon paspór

He tenido un accidente de coche
J'ai eu un accident d'automobile
Shé i enaksidán dotomobíl

No entiendo. ¿Puede venir un intérprete?
Je ne comprends pas. Est-ce que un interprète peut venir?
She ne comprán pas. Ésske enenterprét pe venír?

¿Puedo llamar a mi embajada/consulado?
Puis-je téléphoner à mon ambassade/consulat?
Puí-she telefoné a monambasád/consilá?

¿Cómo debo cumplimentar la denuncia?
Comment dois-je formuler la plainte?
Comán duá-she formilé la plent?

ESPAÑOL - FRANCÉS

a. à. *a*
abajo. dessous. *desú*
abierto. ouvert. *uvér*
abrigo. manteau. *mantó*
abril. Avril. *avríl*
abrir. ouvrir. *uvrír*
acabar. finir. *finír*
accidente. accident. *aksidán*
aceite. huile. *uíl*
aceituna. olive. *olív*
acelerador. accélerateur. *akseleratér*
aceptar. accepter. *aksepté*
acera. trottoir. *trotuár*
aconsejar. conseiller. *conseyé*
acuerdo (de...). d'accord. *dacór*
adelante. en avant. *anaván*
además. en plus. *an plis*
adiós. adieu, au revoir. *adié, orvuár*
aduana. douane. *duán*
afeitarse. se raser. *se rasé*
agencia. agence, bureau. *asháns, biró*
agosto. août. *ut*
agradable. agréable. *agreábl*
agrio. aigre. *egr*
agua. eau. *o*
ahí. là. *la*
ahora. maintenant. *mentnán*
aire. air. *er*
ajo. ail. *ay*
albergue. auberge. *obérsh*
algo. quelque chose. *kelk shós*
algodón. coton. *cotón*
algunos/as. quelques. *kelk*
almohada. oreiller. *oreyé*
almorzar. déjeuner. *deshené*
alojamiento. logement. *loshmán*
alquilar. louer. *lué*
alrededor. environ. *anvirón*
alto. haut. *o*
allí. là, là-bas. *la, labá*
amable. gentil, aimable. *shantí, emábl*
amarillo. jaune. *shon*
amargo. amer. *amér*

ambos. tous les deux. *tu lé de*
ambulancia. ambulance. *ambiláns*
amigo. ami. *amí*
ancho. large. *larsh*
andar. marcher. *marché*
andén. quai. *ké*
anoche. hier soir. *iér suár*
anuncio. annonce. *anóns*
aparcar. stationner, garer. *stasioné, garé*
aparcamiento. parking. *parkíng*
apartamento. appartement. *apartmán*
antes. avant. *aván*
año. an, année. *an, ané*
apellido. nom. *non*
aprender. apprendre. *aprándr*
aquel. celui-là. *seluilá*
aquí. ici. *isí*
árbol. arbre. *arbr*
arena. sable. *sabl*
arriba. au-dessus. *odsí*
arroz. riz. *ri*
artesanía. artisanat. *artisaná*
asado. rôti. *rotí*
ascensor. ascenseur. *assansér*
así. ainsi, comme ça. *ensí, comsá*
asiento. place, siège. *plas, siésh*
atención. attention, gare. *atansión, gar*
aterrizar. atterrir. *aterír*
atrás. en arrière. *anariér*
atún. thon. *ton*
aunque. quoique. *kuak*
autobús. autobus, bus. *otobís, bis*
autopista. autoroute. *otorút*
avería. panne. *pan*
averiado. en panne. *an pan*
avión. aéroplain, avion. *aeroplén, avión*
aviso. avis. *aví*
ayer. hier. *iér*
ayudar. aider. *edé*
ayuntamiento. hôtel de ville. *otél de vil*
azafata. hôtesse de l'air. *otés de lér*
azúcar. sucre. *sikr*
azul. bleu. *ble*

bacalao. morue. *morí*
bajo. bas, petit. *ba, petí*

banco. banque. *bank*
bañador. maillot de bain. *mayó de bén*
bañarse. se baigner. *se beñé*
baño. bain. *bén*
barato. bon marché. *bon marshé*
barba. barbe. *barb*
barco. bateau. *bató*
barrio. quartier. *kartié*
bastante. assez. *asé*
beber. boire. *buár*
bebida. boisson. *buasón*
biblioteca. bibliothèque. *biblioték*
bicicleta. vélo. *veló*
bien. bien. *bián*
bienvenido. bienvenu. *bianvení*
blanco. blanc. *blan*
boca. bouche. *bush*
bolso. sac. *sac*
bolsillo. poche. *posh*
bonito. joli. *sholí*
bota. botte. *bot*
botella. bouteille. *butéy*
brazo. bras. *bra*
bueno. bon. *bon*
buscar. chercher. *shershé*
buzón. boîte aux lettres. *buatolétr*
caballo. cheval. *shevál*
cabello. cheveu. *chevé*
cabeza. tête. *tet*
cada. chaque. *shak*
café. café. *café*
cafetería. snack-bar. *snak-bar*
caja. boîte, caisse. *buát, kés*
caliente. chaud. *sho*
calmante. calmant. *cal-mán*
calor. chaleur. *shalér*
calle. rue. *ri*
cama. lit. *li*
camarero. garçon. *garsón*
cambiar. changer. *shanshé*
cambio. change. *shansh*
camino. chemin. *shemén*
camisa. chemise. *shemís*
campo. champ. *sham*
cara. visage, face. *visásh, fas*
carne. viande. *viánd*
carnicería. boucherie. *bu-sherí*
caro. cher. *sher*
carretera. route. *rut*
carta. lettre, carte. *letr, cart*
cartera. portefeuille. *port-féy*

casado. marié. *marié*
casi. presque. *presk*
castillo. château. *sható*
catedral. cathedrale. *catedrál*
catorce. quatorze. *catórs*
cebolla. oignon. *oñón*
cena. dîner. *diné*
cenicero. cendrier. *sandrié*
centro. centre-ville. *santr-víl*
cepillo. brosse. *bros*
cerca. près. *pré*
cerdo. porc. *porc*
cereza. cerise. *serís*
cerilla. allumette. *alimét*
cero. zéro. *seró*
cerrado. fermé. *fermé*
cerrar. fermer. *fermé*
cerveza. bière. *biér*
cielo. ciel. *siél*
cien. cent. *san*
cigarrillo. cigarette. *sigarét*
cinco. cinq. *senk*
cine. cinéma. *sinemá*
cinturón. ceinture. *sentír*
ciruela. prune. *prin*
cita. rendez-vous. *randevú*
ciudad. ville, cité. *vil, sité*
claro. clair. *cler*
clase. classe. *clas*
cliente. client. *clián*
clima. climat. *climá*
cobrar. encaisser. *ankesé*
cocido. cuit. *cuí*
coche. voiture, automobile. *vuatír, otomobíl*
cocina. cuisine. *cuisín*
codo. coude. *cud*
coger. prendre. *prandr*
col. chou. *shu*
colchón. matelas. *matlá*
coliflor. chou-fleur. *shufler*
color. couleur. *culér*
comedor. salle à manger. *salamanshé*
comenzar. commencer. *comansé*
comer. manger. *manshé*
comida. repas. *repá*
comisaría. commissariat. *comisariá*
como. comme. *com*
cómo. comment. *comán*
comprar. acheter. *ashté*
comprender. comprendre. *comprandr*
con. avec. *avéc*
conducir. conduire. *conduír*
conmigo. avec moi. *avéc muá*

conocer. connaître. *conétr*
consejo. conseil. *conséy*
consigna. consigne. *consíñ*
consulado. consulat. *consilá*
consulta. cabinet. *cabiné*
contar. raconter, compter. *raconté, conté*
contento. content. *contán*
contigo. avec toi. *avéc tuá*
contra. contre. *contr*
copa. coupe. *cup*
corazón. coeur. *kér*
corbata. cravate. *cravát*
cordero. agneau, mouton. *añó, mutón*
correo. poste. *post*
Correos. bureau de poste. *biró de post*
cortar. couper. *cupé*
corto. court. *cur*
cosa. chose. *shos*
costa. côte. *cot*
cotización. curs. *cur*
cristal. verre. *ver*
cruce. croisement. *cruasmán*
crudo. cru. *cri*
cruzar. traverser. *traversé*
cuadrado. carré. *caré*
cuadro. tableau. *tabló*
cuál. lequel. *lekél*
cualquiera. quelconque. *kelcónk*
cuando. quand, lorsque. *can, lorsk*
cuándo. quand. *can*
cuánto. combien. *combián*
cuarenta. quarante. *caránt*
cuarto. chambre, quart. *shambr, car*
cuatro. quatre. *catr*
cubierta. pont. *pon*
cuchara. cuiller. *cuyér*
cuchillo. couteau. *cutó*
cuello. cou. *cu*
cuenta. compte, note, addition. *cont, not, adisión*
cuerpo. corps. *cor*
cuidado. attention, gare. *atansión, gar*
curva. virage. *virásh*

chaleco. gilet. *shilé*
chaqueta. veste. *vest*
cheque. chèque. *shek*
chico/a. garçon, fille. *garsón, fiy*
chocolate. chocolat. *shocolá*
chuleta. cotelette. *cotlét*

daño. mal. *mal*
dar. donner. *doné*

dato. donnée. *doné*
de. de, à. *de, a*
deber. devoir. *devuár*
decir. dire. *dir*
dedo. doigt. *duá*
dejar. laisser. *lesé*
delante. devant. *deván*
demasiado. trop. *tro*
dentro. dedans. *dedán*
deporte. sport. *spor*
derecho. droit. *druá*
desayuno. petit déjeuner. *petí deshené*
descuento. réduction. *rediksión*
desde. dès, depuis. *dé, depuí*
desear. désirer. *desiré*
despacio. lentement, doucement. *lantmán, dusmán*
después. après. *apré*
detrás. derrière. *deriér*
día. jour. *shur*
diario. quotidien, journal. *cotidián, shurnál*
dibujo. dessin. *desén*
diccionario. dictionnaire. *diksionér*
diciembre. décembre. *desámbr*
diente. dent. *dan*
diez. dix. *dis*
difícil. difficile. *difisíl*
dinero. argent. *arshán*
dirección. adresse, direction. *adrés, direksión*
directo. direct. *diréct*
divisa. devise. *devís*
doble. double. *dubl*
dolor. douleur, mal. *dulér, mal*
domingo. dimanche. *dimánsh*
dónde. où. *u*
dormir. dormir. *dormír*
dormitorio. chambre à coucher. *shambr a cushé*
dos. deux. *de*
ducha. douche. *dush*
dueño. propriétaire. *proprietér*
dulce. doux. *du*
durante. pendant, durant. *pandán, dirán*
durar. durer. *diré*
duro. dur. *dir*

edad. âge. *ash*
edificio. bâtiment, édifice. *batimán, edifís*
ejemplo (por...). par exemple. *parexámpl*
el. le. *le*

él. il, lui. *il, luí*
ella. elle. *el*
embajada. ambassade. *ambasád*
empezar. commencer. *comansé*
empresa. entreprise. *antreprís*
empujar. pousser. *pusé*
en. en, dans, à. *an, dan, a*
encendedor. briquet. *briké*
encima. dessus. *desí*
encontrar. trouver. *truvé*
enero. janvier. *shanvié*
enfermedad. maladie. *maladí*
enfermo. malade. *malád*
enfrente. en face. *an fas*
ensalada. salade. *salád*
enseñar. enseigner, montrer. *anseñé, montré*
entender. comprendre. *comprándr*
entero. entier. *antié*
entonces. alors. *alór*
entrada. entrée, billet. *antré, biyé*
entre. entre, parmi. *antr, parmí*
enviar. envoyer. *anvuayé*
equipaje. bagages. *bagásh*
escalera. escalier. *escalié*
escribir. écrire. *ecrír*
escuchar. écouter. *ecuté*
escuela. école. *ecól*
ese. celui-là. *seluilá*
espalda. dos. *do*
español. espagnol. *español*
espectáculo. spectacle. *spectácl*
espejo. miroir. *miruár*
esperar. attendre. *atándr*
espuma. mousse, écume. *mus, ekím*
esquina. coin. *cuén*
estación. gare, saison. *gar, sesón*
estanco. bureau de tabac. *biró de tabá*
estar. être. *etr*
este. celui-ci. *seluisí*
Este. est. *est*
estómago. stomac. *stomá*
estrecho. étroit. *etruá*
estrella. étoile. *etuál*
estreñimiento. constipation. *constipasión*
explicar. expliquer. *expliké*
exposición. exposition. *exposisión*
extranjero. étranger. *etranshér*

fábrica. usine. *isín*
fácil. facile. *fasíl*
factura. facture. *factír*
falda. jupe. *ship*
familia. famille. *famíy*
farmacia. pharmacie. *farmasí*
favor (por...). s'il vous plaît. *silvuplé*
febrero. février. *fevrié*
fecha. date. *dat*
feliz. heureux. *eré*
feo. laid. *lé*
fiebre. fièvre. *fiévr*
fiesta. fête. *fét*
fila. rang. *ran*
filete. steak. *stek*
firmar. signer. *siñé*
flan. flan. *flan*
flor. fleur. *fler*
folleto. brochure. *broshír*
foto. photo. *fotó*
franco. franc. *fran*
fresa. fraise. *fres*
fresco. frais. *fré*
frigorífico. réfrigérateur. *refrisheratér*
frío. froid. *fruá*
frito. frit. *fri*
frontera. frontière. *frontiér*
fruta. fruit. *fruí*
fuego. feu. *fe*
fuente. fontaine. *fontén*
fuera. dehors. *deór*
fuerte. fort. *for*
fumar. fumer. *fimé*
función. séance. *seáns*

gafas. lunettes. *linét*
galleta. biscuit. *biscuí*
gallina. poule. *pul*
garaje. garage. *garásh*
garganta. gorge. *gorsh*
gasolina. essence. *esáns*
gasolinera. poste d'essence. *post desáns*
gato. chat, cric. *sha, cric*
gente. gent. *shan*
ginebra. gin. *shen*
gracias. merci. *mersí*
grado. degré. *degré*
gran(de). grand. *gran*
gratis. gratis. *gratís*
grifo. robinet. *robiné*
gripe. gripe grip
gris. gris. *gri*
guantes. gants. *gan*
guía. guide. *guid*
guisante. petit pois. *petí puá*
gustar. plaîre, aimer. *pler, emé*

habitación. chambre. *shambr*
hablar. parler. *parlé*
hacer. faire. *fer*
hacia. vers. *ver*
hambre. faim. *fen*
harina. farine. *farín*
hasta. jusque. *shisk*
hecho. fait. *fé*
helado. glace. *glas*
herido. blessé. *blesé*
hermano. frère. *frer*
hermana. soeur. *ser*
herramienta. outil. *utí*
hielo. glace. *glas*
hierro. fer. *fer*
hígado. foie. *fuá*
hijo/a. fils/fille. *fis/fiy*
hola. salut. *salí*
hombre. homme. *om*
hora. heure. *er*
hospital. hôpital. *opitál*
hotel. hôtel. *otél*
hoy. aujourd'hui. *oshurduí*
huelga. grève. *grev*
hueso. os. *o*
huevo. oeuf. *ef*

idioma. langue. *lang*
iglesia. église. *eglís*
igual. égal. *egál*
impermeable. imperméable. *empermeábl*
impuesto. impôt. *empó*
incluido. compris. *comprí*
individual. simple. *sempl*
información. reinsegnement. *ranseñemán*
inglés. anglais. *anglé*
intentar. essayer. *eseyé*
interesante. intéréssant. *enteresán*
intérprete. interprète. *enterprét*
invierno. hiver. *ivér*
invitar. inviter. *envité*
ir. aller. *alé*
isla. île. *il*
izquierda. gauche. *gosh*

jabón. savon. *savón*
jamón. jambon. *shambón*
jardín. jardin. *shardén*
jefe. chef. *shéf*
jersey. pull(over). *pul (over)*
joven. jeun. *shen*
joya. bijou. *bishú*
joyería. bijouterie. *bishutrí*
juego. jeu. *she*
jueves. jeudi. *shedí*
jugar. jouer. *shué*
juguete. jouet. *shué*
julio. juillet. *shuiyé*

junio. juin. *shuén*
juntos. ensemble. *ansámbl*

kilómetro. kilomètre. *kilométr*

la. la. *la*
labio. lèvre. *lévr*
lado. côté. *coté*
lago. lac. *lac*
lámpara. lampe. *lamp*
lana. laine. *lén*
lápiz. crayon. *creyón*
largo. long. *lon*
lata. boîte. *buát*
lavar. laver. *lavé*
lavandería. blanchisserie. *blanchisrí*
le. lui. *luí*
leche. lait. *lé*
lechuga. laitue. *letí*
leer. lire. *lir*
lejos. loin. *luén*
lengua. langue. *lang*
lento. lent. *lan*
letra. lettre. *letr*
ley. loi. *luá*
libre. libre. *libr*
librería. librairie. *librerí*
libro. livre. *livr*
licor. liqueur. *likér*
ligero. leger. *leshér*
limón. citron. *sitrón*
limpio. propre. *propr*
línea. ligne. *liñ*
listo. prêt. *pré*
litera. couchette. *cushét*
lo. le. *le*
luego. plus tard. *pli tar*
lugar. lieu. *lie*
lujo. luxe. *lix*
luna. lune. *lin*
luz. lumière. *limiér*

llamada. appel. *apél*
llamar. appeler. *apelé*
llave. clef. *clé*
llenar. remplir. *ramplír*
lleno. plein. *plén*
llegada. arrivée. *arivé*
llegar. arriver. *arivé*
llevar. porter, ammener. *porté, amené*
llover. pleuvoir. *plevuár*
lluvia. pluie. *pluí*

madera. bois. *buá*
madre. mère. *mér*
maíz. maïs. *maís*
mal(o). mauvais. *mové*
maleta. valise. *valís*
mandar. envoyer. *anvuayé*
manera. façon, manière. *fasón, maniér*

manga. manche. *mansh*
mano. main. *mén*
manta. couverture. *cuvertír*
mantel. drap. *dra*
mantequilla. beurre. *ber*
manzana. pomme. *pom*
mañana. demain, matin. *demén, matén*
mapa. carte. *cart*
máquina. machine. *mashín*
mar. mer. *mér*
mareo. mal de mer/au coeur. *mal de mér/o ker*
marido. mari. *marí*
mariscos. fruits de mer. *fruí de mér*
marrón. marron. *marón*
martes. mardi. *mardí*
marzo. mars. *mar*
más. plus. *pli*
matrícula. plaque (d'immatriculation). *plak (demmatrikilasión)*
mayo. mai. *mé*
mayor. plus grand. *pli gran*
me. me. *me*
mecánico. mécanicien. *mecanisién*
medicina. médicament. *medicamán*
médico. médecin. *medsén*
medida. mesure. *mesír*
medio. demi. *demí*
mediodía. midi. *midí*
mejor. meilleur. *meyér*
melocotón. pêche. *pésh*
melón. melon. *melón*
menor. plus petit. *pli petí*
menos. moins. *muén*
mensaje. message. *mesásh*
menudo (a...). souvent. *suván*
mercado. marché. *marshé*
merluza. colin. *colén*
mermelada. confiture. *confitír*
mes. mois. *muá*
mesa. table. *tabl*
metro. mètre, métro. *métr, metró*
mezcla. mélange. *melánsh*
mi. mon, ma. *mon, ma*
mí. moi. *muá*
miel. miel. *miél*
mientras. pendant que. *pandán que*
miércoles. mercredi. *mercredí*
mil. mille. *mil*
millón. million. *milión*
minuto. minute. *minít*
mío. mien. *mián*
mirar. regarder. *regardé*

mismo. même. *mém*
mitad. moitié. *muatié*
mixto. mixte. *mixt*
modo. façon. *fasón*
molestar. déranger. *deranshé*
momento. moment. *momán*
moneda. monnaie. *moné*
montaña. montagne. *montáñ*
monumento. monument. *monimán*
moreno. brun. *bren*
morir. mourir. *murír*
mostaza. moutard. *mutár*
mostrador. comptoir. *contuár*
motivo. motif. *motíf*
moto. moto. *motó*
muchacho/a. garçon/fille. *garsón/fiy*
mucho. beaucoup. *bocú*
mueble. meuble. *mebl*
muelle. quai. *ké*
mujer. femme. *fam*
multa. amende. *amánd*
mundo. monde. *mond*
museo. musée. *misé*
música. musique. *misík*
muy. très. *tré*
nacer. naître. *nétr*
nacimiento. naissance. *nesáns*
nada. rien. *rián*
nadar. nager. *nashé*
nadie. personne. *persón*
naranja. orange. *oránsh*
nariz. nez. *né*
nata. crème. *crém*
navegar. naviguer. *navigué*
necesario. nécessaire. *nesesér*
necesitar. avoir besoin. *avuár besuén*
negocio. affaire. *afér*
negro. noir. *nuár*
neumático. pneu. *pné*
nevar. neiger. *neshé*
ni. ni. *ni*
niebla. brouillard. *bruiyár*
nieve. neige. *nésh*
ningún. aucun. *okén*
niño/a. enfant. *anfán*
no. non, ne. *no, ne*
noche. nuit. *nuí*
nombre. prénom, nom. *prenón, non*
norte. nord. *nor*
nos. nous. *nu*
nosotros. nous. *nu*
noticia. nouvelle. *nuvél*
noveno. neuvième. *neviém*

noviembre. novembre. *novámbr*
nube. nuage. *niásh*
nuestro. notre, nos. *notr, no*
nueve. neuf. *nef*
nuevo. nouveau. *nuvó*
número. nombre, numéro. *nombr, nimeró*
nunca. jamais. *shamé*

o. ou. *u*
obra. oeuvre. *evr*
ocasión. occasion. *ocasión*
ocho. huit. *uít*
ocio. loisirs. *luasír*
octavo. huitième. *uitiém*
octubre. octobre. *octóbr*
ocupado. occupé. *okipé*
oeste. ouest. *uést*
oferta. offre. *ofr*
oficina. bureau. *biró*
ofrecer. offrir. *ofrír*
oído. oreille. *oréy*
oír. entendre. *antándr*
ojo. oeil. *éy*
ola. vague. *vag*
olor. odeur. *odér*
olvidar. oublier. *ublié*
once. onze. *ons*
óptica. optique. *optík*
orden. ordre. *ordr*
oreja. oreille. *oréy*
oro. or. *or*
orquesta. orchestre. *orkéstr*
os. vous. *vu*
oscuro. obscur, foncé. *obskír, fonsé*
otoño. automne. *otón*
otro. autre. *otr*
padre. père. *pér*
padres. parents. *parán*
pagar. payer. *peyé*
página. page. *pash*
país. pays. *peí*
paisaje. paysage. *peisásh*
pájaro. oiseau. *uasó*
palabra. mot, parole. *mo, paról*
palacio. palais. *palé*
pan. pain. *pén*
panadería. boulangerie. *bulansherí*
pantalones. pantalon. *pantalón*
pañuelo. mouchoir. *mushuár*
papel. papier. *papié*
paquete. paquet, colis. *paké, colí*
par. paire. *pér*

para. pour. *pur*
parada. arrêt. *aré*
paraguas. parapluie. *parapluí*
parar. arrêter. *areté*
pared. mur. *mir*
pariente. parent. *parán*
parque. parc. *parc*
parte. part. *par*
partido. parti, match. *partí, match*
pasado. passé, dernier. *pasé, dernié*
pasajero. passager. *pasashé*
pasaporte. passeport. *paspór*
paseo. promenade. *promenád*
pasillo. couloir. *culuár*
paso. passage. *pasásh*
pastel. gâteau. *gató*
pastilla. pilule. *pilíl*
patata. pomme de terre. *pom de tér*
patio. cour. *cur*
pato. canard. *canár*
peaje. péage. *peásh*
pecho. poitrine. *puatrín*
pedazo. morceau. *morsó*
pedir. demander, commander. *demandé, comandé*
peinado. coiffure. *cuafír*
peine. peigne. *péñ*
película. film. *film*
peligro. danger. *danshé*
peligroso. dangereux. *dansheré*
pelo. cheveu. *shevé*
peluquería. salon de coiffure. *salón de cuafír*
pensar. penser. *pansé*
pensión. pension. *pansión*
peor. pire. *pir*
pepino. concombre. *concómbr*
pequeño. petit. *petí*
pera. poire. *puár*
perder. perdre. *perdr*
perdón. pardon. *pardón*
periódico. journal. *shurnál*
permiso. permission, permis. *permisión, permí*
permitir. permettre. *permétr*
pero. mais. *mé*
perro. chien. *shián*
persona. personne. *persón*
pesado. lourd. *lur*
pescado. poisson. *puassón*
peso. poid. *puá*
pie. pied. *pié*
piedra. pierre. *piér*
piel. peau, cuir. *po, cuír*
pierna. jambe. *shamb*
pieza. pièce. *piés*

pila. batterie. *batrí*
pimienta. poivre. *puávr*
pimiento. piment. *pimán*
pinchazo. crevaison. *crevesón*
pintura. peinture. *pentír*
piña. ananas. *ananá*
piscina. piscine. *pisín*
piso. étage, appartement. *etásh, apartmán*
planchar. repasser. *repasé*
plano. plan. *plan*
planta. plante, étage. *plant, etásh*
plata. argent. *arshán*
plátano. banane. *banán*
plato. assiette, plat. *asiét, pla*
playa. plage. *plash*
plaza. place. *plas*
plomo. plomb. *plon*
pobre. pauvre. *povr*
poco. peu. *pe*
poder. pouvoir. *puvuár*
policía. police. *polís*
pollo. poulet. *pulé*
poner. mettre. *metr*
poquito. petit peu. *petí pe*
por. par. *par*
porque. parce que. *párske*
por qué. pourquoi. *purkuá*
postal. carte postale. *cart postál*
postre. dessert. *dessér*
precio. prix. *pri*
pregunta. question. *kestión*
preguntar. demander. *demandé*
prensa. presse. *pres*
preparar. préparer. *preparé*
presentar. présenter. *presanté*
primavera. printemps. *prentán*
primero. premier. *premié*
primo/a. cousin/e. *cusén/cusín*
principio. début. *debí*
prisa. hâte. *at*
problema. problème. *problém*
prohibido. interdit. *enterdí*
pronto. tôt. *to*
propina. pourboire. *purbuár*
propio. propre. *propr*
propósito. propos. *propó*
próximo. prochain. *proshén*
pueblo. village. *vilásh*
puente. pont. *pon*
puerta. porte. *port*
puerto. port. *por*

pulmón. poumon. *pumón*
punto. point. *puén*
puro. pur, cigare. *pir, sigár*

que. que, qui, quel. *que, ki, kel*
qué. quel, quelle, que. *kel, kel, que*
quedarse. rester. *resté*
queja. plainte. *plént*
quemadura. brûlure. *brilír*
querer. aimer, vouloir. *emé, vuluár*
queso. fromage. *fromásh*
quien. qui. *ki*
quince. quinze. *kens*
quinientos. cinq cents. *senksán*
quinto. cinquième. *senkiém*
quiosco. kiosque. *kiósk*
quizá(s). peut être. *petétr*

ramo. bouquet. *buqué*
rápido. vite, rapide. *vit, rapíd*
rato. moment. *momán*
razón. raison. *resón*
rebajas. rabat, soldes. *rabá, sold*
receta. ordonnance, recette. *ordonáns, resét*
recibir. recevoir. *resevuár*
reclamar. réclamer. *reclamé*
recoger. recueillir. *rekeiyír*
recomendar. recommander. *recomandé*
recordar. rappeler. *raplé*
recto. droit. *druá*
recuerdo. souvenir. *suvenír*
redondo. rond. *ron*
refresco. rafraîchissement. *rafreshismán*
regalo. cadeau. *cadó*
reloj. horloge, montre. *orlósh, montr*
relleno. farci. *farsí*
remitente. expéditeur. *expeditér*
reparar. réparer. *reparé*
repente (de...). tout à coup. *tutacú*
repetir. répéter. *repeté*
repuesto. rechange. *reshánsh*
reservar. réserver. *reservé*
resfriado. rhume. *rim*
respuesta. réponse. *repóns*
restaurante. restaurant. *restorán*

retraso. retard. *retár*
revista. revue, magazine. *reví, magasín*
rico. riche. *rish*
riñón. rein. *rén*
río. rivière, fleuve. *riviér, flév*
robar. voler. *volé*
rodilla. genou. *shenú*
rojo. rouge. *rush*
ropa. vêtements. *vetmán*
roto. cassé. *casé*
rubio. blond. *blon*
rueda. roue. *ru*
ruido. bruit. *bruí*
ruta. route. *rut*

sábado. samedi. *samdí*
sábana. drap. *dra*
saber. savoir. *savuár*
sabor. goût. *gu*
sal. sel. *sel*
sala. salle. *sal*
salado. salé. *salé*
salchicha. saucisse. *sosís*
salida. sortie, départ. *sortí, depár*
salir. sortir, partir. *sortír, partír*
salón. salon. *salón*
salsa. sauce. *sos*
salud. santé. *santé*
saludo. salutation. *salitasión*
sangre. sang. *san*
se. se, on. *se, on*
seco. sec. *sec*
sed. soif. *suáf*
seda. soie. *suá*
seguida (en...). tout de suite. *tud suít*
seguir. suivre. *suívr*
según. selon. *selón*
segundo. second, deuxième. *segón, desiém*
seguro. sûr. *sir*
seis. six. *sis*
sello. timbre. *tembr*
semáforos. feux. *fe*
semana. semaine. *semén*
sencillo. simple. *sempl*
sentarse. s'asseoir. *sasuár*
señal. signal. *siñál*
señor. monsieur. *mesié*
señora. madame. *madám*
septiembre. septembre. *septámbr*
séptimo. septième. *setiém*
ser. être. *etr*
servicio. service. *servís*
servicios. toilettes. *tualét*
servilleta. serviette. *serviét*
servir. servir. *servír*

sexto. sixième. *sisiém*
si. si. *si*
sí. oui. *uí*
siempre. toujours. *tushúr*
siete. sept. *set*
siglo. siècle. *siécl*
significado. signification. *siñificasión*
significar. signifier. *siñifié*
siguiente. suivant. *suiván*
silla. chaise. *shés*
simpático. sympathique. *sempatík*
sin. sans. *san*
sitio. place, lieu. *plas, lié*
sobre. sur, enveloppe. *sir, anvelóp*
sobrino/a. neveu/nièce. *nevé/niés*
socorro. secours. *secúr*
sol. soleil. *soléy*
solamente. seulement. *selmán*
solo. seul. *sel*
solomillo. filet. *filé*
soltero. célibataire. *selibatér*
sombra. ombre. *ombr*
sombrero. chapeau. *shapó*
soso. fade. *fad*
sopa. soupe. *sup*
su. son, sa, leur. *son, sa, ler*
suave. doux. *du*
subir. monter. *monté*
suceso. événement. *evenmán*
sucio. sale. *sal*
suelo. sol. *sol*
suerte. chance. *shans*
sur. sud. *sid*
suyo. sien. *sián*

tabaco. tabac. *tabá*
tal. tel, telle. *tel, tel*
talla. taille. *táy*
taller. garage, atélier. *garásh, atelié*
tamaño. grandeur. *grandér*
también. aussi. *osí*
tampoco. non plus. *non pli*
tan(to). si, tant de. *si, tan de*
taquilla. guichet. *guishé*
tarde. tard, après-midi, soir. *apré-midí, suár*
tarifa. tarif. *taríf*
tarjeta. carte. *cart*
tarta. tarte. *tart*
taza. tasse. *tas*
te. te. *te*
té. thé. *té*
teatro. théâtre. *teátr*
techo. toit. *tuá*

teléfono. téléphone. *telefón*
temperatura. température. *tamperatír*
temprano. tôt. *to*
tenedor. fourchette. *furshét*
tener. avoir. *avuár*
tercero. troisième. *truasiém*
terminar. finir. *finír*
ternera. veau. *vo*
terraza. terrasse. *terás*
ti. toi. *tuá*
tiempo. temps. *tan*
tienda. magasin. *magasén*
tierra. terre. *tér*
tijeras. ciseaux. *sisó*
tinto. rouge. *rush*
tío/a. oncle/tante. *oncl/tant*
típico. typique. *tipík*
tirar. tirer, jeter. *tiré, sheté*
toalla. serviette de toilette. *serviét de tualét*
tobillo. cheville. *shevíl*
tocar. toucher, jouer. *tushé, shué*
todavía. encore. *ancór*
todo. tout. *tu*
tomar. prendre. *prandr*
tomate. tomate. *tomát*
toro. taureau. *toró*
torre. tour. *tur*
tortilla. omelette. *omlét*
tos. toux. *tu*
tostada. toast. *tost*
trabajar. travailler. *travayé*
traer. apporter, amener. *aporté, amené*
traducir. traduire. *traduír*
traje. costume. *costím*
tranquilo. tranquille. *tranquíl*
tratar. essayer, traiter. *eseyé, treté*
travesía. traversée. *traversé*
trece. treize. *tres*
treinta. trente. *trant*
tren. train. *tren*
tres. trois. *truá*
trozo. morceau. *morsó*
trucha. truite. *truít*
trueno. tonnerre. *tonér*
tu. ton, ta. *ton, ta*
tú. tu. *ti*
turismo. tourisme. *turísm*
turista. touriste. *turíst*
tuyo. tien. *tián*

último. dernier. *dernié*
un/a. un/une. *en/in*
único. unique. *iník*
urgente. urgent. *irshán*

usted/es. vous. *vu*
útil. utile. *itíl*
uva. raisin. *resén*

vaca. vache, boeuf. *vash, bef*
vacaciones. vacances. *vacáns*
vacío. vide. *vid*
vagón. wagon. *vagón*
valer. valoir, coûter. *valuár, cuté*
valle. vallée. *valé*
vaqueros. jean. *shin*
varios. plusieurs. *plisié*
vaso. verre. *ver*
veinte. vingt. *ven*
vela. bougie. *bushí*
velocidad. vitesse. *vités*
vender. vendre. *vándr*
venir. venir. *venír*
venta. vente. *vant*
ventana. fenêtre. *fenétr*
ventanilla. guichet. *guishé*
ver. voir. *vuár*
verano. été. *eté*
verdad. verité. *verité*
verde. vert. *ver*
verdura. légume. *leguím*
vestido. robe. *rob*
vez. fois. *fuá*
vía. voie. *vuá*
viajar. voyager. *vuayashé*
viaje. voyage. *vuayásh*
vida. vie. *vi*
viejo. vieux. *vié*
viento. vent. *van*
viernes. vendredi. *vandredí*
vinagre. vinaigre. *vinégr*
vino. vin. *ven*
visado. visa. *visá*
visita. visite. *visít*
visitar. visiter. *visité*
vista. vue. *vi*
vivir. vivre. *vivr*
volante. volant. *volán*
volar. voler. *volé*
volver. revenir, retourner. *revenír, returné*
vosotros. vous. *vu*
voz. voix. *vuá*
vuelo. vol. *vol*
vuelta. tour, retour. *tur, retúr*
vuestro. votre. *votr*

y. et. *é*
ya. déjà. *deshá*
yate. yacht. *yat*
yo. je, moi. *she, muá*

zanahoria. carotte. *carót*
zapatería. magasin de chaussures. *magasén de shosír*
zapato. chaussure. *shosír*
zumo. jus. *shí*

FRANCÉS - ESPAÑOL

à. *a.* a, en, de, con, para.
abord (d'...). *dabór.* primero, antes
abricot. *abricó.* albaricoque
accélerateur. *akeseleratér.* acelerador
accident. *aksidán.* accidente
accord (d'...). *dacór.* de acuerdo
accueil. *akéy.* acogida
achat. *ashá.* compra
acheter. *ashté.* comprar
addition. *adisión.* cuenta
adieu. *adié.* adiós
adresse. *adrés.* dirección
affaire. *afér.* asunto, negocio
affiche. *afísh.* cartel
afin de. *afén de.* para
âge. *ash.* edad
agence. *asháns.* agencia
agréable. *agreábl.* agradable
aide. *ed.* ayuda
aider. *edé.* ayudar
ail. *áy.* ajo
aimable. *emábl.* amable
aimer. *emé.* amar, gustar
ainsi. *ensí.* así
air. *er.* aire
ajouter. *ashuté.* añadir
alentour. *alantúr.* alrededor
allée. *alé.* paseo
aller. *alé.* ir, andar
allumer. *alimé.* encender
alors. *alór.* entonces
amande. *amánd.* almendra
ambassade. *ambasád.* embajada
ambiance. *ambiáns.* ambiente
amende. *amánd.* multa
amener. *amené.* llevar, traer
amer. *amér.* amargo.
ami(e). *amí.* amigo/a
amitié. *amitié.* amistad
ample. *ampl.* amplio
amusant. *amisán.* divertido
an. *an.* año
anchois. *anshuá.* anchoa
ancien. *ansién.* antiguo
année. *ané.* año
anniversaire. *aniversér.* aniversario, cumpleaños
août. *ut.* agosto
à peu près. *a pe pré.* aproximadamente

appel. *apél.* llamada
appeler. *apelé.* llamar
après. *apré.* después
à propos. *a propó.* a propósito
argent. *arshán.* dinero, plata
arracher. *arashé.* arrancar, quitar
arrêt. *aré.* parada
arrêter. *areté.* parar
arrière. *ariér.* atrás
arrivée. *arivé.* llegada
arriver. *arivé.* llegar
arrondissement. *arondismán.* distrito
artichaut. *artishó.* alcachofa
asperge. *aspérsh.* espárrago
asseoir (s'...). *sasuár.* sentarse
assez. *asé.* bastante
assurance. *asiráns.* seguro
atelier. *atelié.* taller
attendre. *atándr.* esperar
attente. *atánt.* espera
atterrir. *aterír.* aterrizar
au. *o.* al.
auberge. *obérsh.* albergue
aucun(e). *okén/okín.* ninguno/a
aujourd'hui. *oshurduí.* hoy
aussi. *osí.* también
automne. *otón.* otoño
autoroute. *otorút.* autopista
autre. *otr.* otro/a
avant. *aván.* antes
avenue. *avní.* avenida
avertissement. *avertismán.* consejo, advertencia
avocat. *avocá.* abogado
avoir. *avuár.* tener, haber
avril. *avríl.* abril

bagages. *bagásh.* equipaje
bague. *bag.* sortija
baigner. *beñé.* bañar
bain. *ben.* baño
balle. *bal.* pelota
banlieu. *banlié.* afueras
banque. *bank.* banco
bas. *ba.* medias
bateau. *bató.* barco
bâtiment. *batimán.* edificio
beau. *bo.* hermoso, guapo
bel(le). *bel.* hermoso, bello
besoin. *besuén.* necesidad
beurre. *ber.* mantequilla
bidon. *bidón.* lata
bien. *bián.* bien, muy, mucho
bientôt (à ...). *a biantó.* hasta pronto

bière. *biér.* cerveza
bijou. *bishú.* joya
bijouterie. *bishutrí.* joyería
billet. *biyé.* billete
biscuit. *biscuí.* galleta
blanc. *blan.* blanco
blé. *blé.* trigo
bleu. *ble.* azul
blond. *blon.* rubio
blouse. *blus.* blusa
boeuf. *bef.* buey, vaca
boire. *buár.* beber
bois. *buá.* bosque, madera
boisson. *buasón.* bebida
boîte. *buát.* caja
bon. *bon.* bueno
bonjour. *bonshúr.* buenos días
bonsoir. *bonsuár.* buenas tardes
bouche. *bush.* boca
boucherie. *bushrí.* carnicería
bougie. *bushí.* vela
boulangerie. *bulanshrí.* panadería
bouteille. *butéy.* botella
bras. *bra.* brazo
brioche. *briósh.* bollo
brosse. *bros.* cepillo
bruit. *bruí.* ruido
brun. *bren.* moreno
budget. *bidyé.* presupuesto
bureau. *biró.* agencia, oficina, despacho

ça. *sa.* esto, eso, aquello
cabine. *cabín.* cabina, camarote
cadeau. *cadó.* regalo
cahier. *caié.* cuaderno
caisse. *kes.* caja
campagne. *campáñ.* campo
canard. *canár.* pato
car. *car.* porque, pues
carré. *caré.* cuadrado
carte. *cart.* tarjeta, mapa, carta
ce. *se.* lo
ce(t). *se(t).* este, ese, aquel
ces. *sé.* estos, esos, aquellos
ceci. *sesí.* esto
ceinture. *sentír.* cintura, cinturón
cela. *selá.* eso, aquello
céleri. *selrí.* apio
cendrier. *sandrié.* cenicero
cependant. *sepandán.* sin embargo
cérise. *serís.* cereza
certain. *sertén.* cierto

c'est-à-dire. *setadír.* es decir
chacun(e). *shakén.* cada uno/a
chaîne. *shén.* cadena
chaise. *shés.* silla
chaleur. *shalér.* calor
chambre. *shambr.* habitación
champ. *shan.* campo
chance. *shans.* fortuna, suerte
change. *shansh.* cambio
changer. *shanshé.* cambiar
chanson. *shansón.* canción
chapeau. *shapó.* sombrero
chapelle. *shapél.* capilla
chaque. *shak.* cada
charmant. *sharmán.* encantador
chasse. *shas.* caza
chat. *sha.* gato
château. *sható.* castillo
chaud(e). *sho (shod).* caliente
chauffage. *shofásh.* calefacción
chaussée. *shosé.* calzada
chaussure. *shosír.* zapato
chef. *shef.* jefe
chemin. *shemén.* camino
chemin de fer. *shemén de fer.* ferrocarril
chemise. *shemís.* camisa
chèque. *shek.* cheque
cher. *sher.* caro, querido
chercher. *shershé.* buscar
chez. *shé.* en casa de
chien. *shián.* perro
chiffre. *shifr.* cifra
choisir. *shuasír.* escoger
chose. *shos.* cosa
chou. *shu.* col
chou-fleur. *shu-fler.* coliflor
ciel. *siel.* cielo
cigare. *sigár.* puro
cigarette. *sigarét.* cigarrillo
cinéma. *sinemá.* cine
cinq. *senk.* cinco
cire. *sir.* cera
ciseaux. *sisó.* tijeras
citron. *sitrón.* limón
clair. *cler.* claro
clef. *clé.* llave
cloche. *closh.* campana
cloître. *cluátr.* claustro
clou. *clu.* clavo
code. *cod.* código
coeur. *ker.* corazón
coiffeur. *cuafér.* peluquero
coin. *cuén.* esquina, rincón
colis. *colí.* paquete

collège. *colésh.* colegio
combien. *combián.* cuánto
commander. *comandé.* pedir, encargar
comme. *com.* como
comment. *comán.* cómo
comprendre. *comprándr.* comprender, entender
compte. *cont.* cuenta
comptoir. *contuár.* mostrador
concierge. *consiérsh.* conserje
conduire. *conduír.* conducir
confiserie. *confiserí.* pastelería
confiture. *confitír.* mermelada
congé. *conshé.* permiso, vacaciones
connaître. *conétr.* conocer
conseiller. *conseyé.* aconsejar
consigne. *consíñ.* consigna
contrôle. *contról.* control
coq. *cok.* gallo
corbeille. *corbéy.* cesta
corps. *cor.* cuerpo
costume. *costím.* traje
côte. *cot.* costa, cuesta
côté. *coté.* lado
côtelette. *cotlét.* chuleta
coton. *cotón.* algodón
cou. *cu.* cuello
couchette. *cushét.* litera
couleur. *culér.* color
couloir. *culuár.* pasillo
coup. *cu.* golpe
coupe. *cup.* corte, copa
couper. *cupé.* cortar
cour. *cur.* patio
courant. *curán.* corriente
courrier. *curié.* correo
cours. *cur.* curso, cotización
court. *cur.* corto
cousin(e). *cusén/cusín.* primo/a
coûter. *cuté.* costar
couteau. *cutó.* cuchillo
cravate. *cravát.* corbata
crayon. *creyón.* lápiz
crème. *crém.* crema, nata
crevaison. *crevesón.* pinchazo
croire. *cruár.* creer
croisement. *cruasmán.* cruce
croix. *cruá.* cruz
cru. *cri.* crudo
cuir. *cuír.* cuero, piel
cuisine. *cuisín.* cocina

cuivre. *cuívr.* cobre

dame. *dam.* señora
danger. *danshé.* peligro
dans. *dan.* en, a
danser. *dansé.* bailar
date. *dat.* fecha
de. *de.* de, en
débarquer. *debarké.* desembarcar
debout. *debú.* de pie
décembre. *desámbr.* diciembre
dedans. *dedán.* dentro
défendre. *defándr.* prohibir
défense. *defáns.* prohibición
degré. *degré.* grado
dehors. *deór.* fuera
déjà. *deshá.* ya
déjeuner. *deshené.* almorzar
demain. *demén.* mañana
demander. *demandé.* pedir, preguntar
demi. *demí.* medio
dent. *dan.* diente, muela
dentifrice. *dantifrís.* pasta de dientes
dépôt. *depó.* depósito
depuis. *depuí.* desde
déranger. *deranshé.* molestar
dernier. *dernié.* último
derrière. *deriér.* detrás
dès. *dé.* desde, después de
désirer. *desiré.* desear
dessert. *dessér.* postre
dessin. *desén.* dibujo
dessous. *desú.* debajo
dessus. *desí.* encima
devant. *deván.* delante
développer. *developé.* desarrollar, revelar
devoir. *devuár.* deber
devise. *devís.* divisa
dimanche. *dimánsh.* domingo
dîner. *diné.* cena, cenar
dire. *dir.* decir
doigt. *duá.* dedo
dommage. *domásh.* daño, lástima
donc. *donc.* pues, por consiguiente
dont. *don.* cuyo
dos. *do.* espalda
dose. *dos.* dosis
douane. *duán.* aduana
doucement. *dúsman.* dulcemente, despacio
douleur. *dulér.* dolor
doute. *dut.* duda
doux. *du.* dulce

douzaine. *dusén.* docena
drapeau. *drapó.* bandera
droit. *druá.* derecho
durée. *diré.* duración

eau. *o.* agua
école. *ecól.* escuela
écran. *ecrán.* pantalla
écrire. *ecrír.* escribir
égal. *egál.* igual
église. *eglís.* iglesia
elle/s. *el.* ella/s
emploi. *ampluá.* empleo
en. *an.* a, de, en
enceinte. *ansént.* embarazada
enchanté(e). *anshanté.* encantado/a
encore. *ancór.* todavía
endroit. *andruá.* sitio, lugar
enregistrer. *anreshistré.* registrar, facturar
enrhumé(e). *anrímé.* resfriado/a
ensemble. *ansámbl.* juntos
entendre. *antándr.* oír
entier. *antié.* entero
entrée. *antré.* entrada
enveloppe. *anvelóp.* sobre
environ. *anvirón.* alrededor, aproximadamente
envoyer. *anvuayé.* enviar
épargne. *epárñ.* ahorro
épaule. *epól.* hombro
épice. *epís.* especia
épinard. *epinár.* espinaca
épouse. *epús.* esposa
équipage. *ekipásh.* equipo, tripulación
escalier. *escalié.* escalera
escargot. *escargó.* caracol
essayage. *eseyásh.* ensayo, prueba
essence. *esáns.* gasolina
et. *é.* y
étage. *etásh.* piso, planta
étang. *etán.* estanque
état. *etá.* estado
été. *eté.* verano, sido, estado
éteindre. *eténdr.* apagar
étoile. *etuál.* estrella
étrange. *etránsh.* extraño
étranger. *etranshé.* extranjero
être. *étr.* ser, estar
étroit. *etruá.* estrecho
étude. *etíd.* estudio
événement. *evenmán.* acontecimiento
expediteur. *expeditér.* remitente
exprimer. *exprimé.* expre-

sar, exprimir

façade. *fasád.* fachada

face. *fas.* cara, rostro

façon. *fasón.* manera, modo

facteur. *factér.* cartero

fade. *fad.* soso

faible. *fébl.* débil

faim. *fem.* hambre

faire. *fer.* hacer

fait. *fé.* hecho, acto

falloir. *faluár.* ser necesario

farine. *farín.* harina

faute. *fot.* falta, culpa

faux. *fo.* falso

femme. *fam.* mujer

fenêtre. *fenétr.* ventana

fer. *fer.* hierro

fermé. *fermé.* cerrado

fermer. *fermé.* cerrar

fête. *fét.* fiesta

feu. *fe.* fuego

février. *fevrié.* febrero

fièvre. *fiévr.* fiebre

figue. *fig.* higo

fil. *fil.* hilo

fille. *fíy.* hija, niña, chica

film. *film.* película

fils. *fis.* hijo

finir. *finír.* terminar

flacon. *flacón.* frasco

fleur. *fler.* flor

fleuve. *flev.* río

foie. *fuá.* hígado

foire. *fuár.* feria, mercado

fois. *fuá.* vez

fontaine. *fontén.* fuente

forêt. *foré.* bosque

fort. *for.* fuerte, muy

fou/folle. *fu/fol.* loco/a

four. *fur.* horno

frais. *fré.* gastos

fraise. *frés.* fresa

framboise. *frambuás.* frambuesa

franc. *fran.* franco

frein. *frén.* freno

frère. *frér.* hermano

froid. *fruá.* frío

fromage. *fromásh.* queso

front. *fron.* frente

fruit. *fruí.* fruta

gants. *gan.* guantes

garçon. *garsón.* niño, chico, camarero

gare. *gar.* estación

gâteau. *gató.* pastel

gauche. *gosh.* izquierda

gaz. *gas.* gas

gazon. *gasón.* césped

gencive. *shansív.* encía

gêner. *shené.* molestar

genou. *shenú.* rodilla

genre. *shanr.* género, clase
gens. *shan.* gente
gérant. *sherán.* gerente
gilet. *shilé.* chaleco
glace. *glas.* hielo, helado
gorge. *gorsh.* garganta
goût. *gu.* gusto, sabor
grenouille. *grenúy.* rana
grève. *grev.* huelga
gros. *gro.* grueso
guérir. *guerír.* curar
guichet. *guiché.* taquilla, ventanilla

halle. *al.* mercado
hareng. *arán.* arenque
haricot. *aricó.* judía, alubia
hasard. *asár.* azar, casualidad
haut. *o.* alto
hauteur. *otér.* altura
hebdomadaire. *ebdomadér.* semanal
herbe. *erb.* hierba
heure. *er.* hora
heureux. *eré.* feliz
hier. *iér.* ayer
histoire. *istuár.* historia
hiver. *ivér.* invierno
homme. *om.* hombre
hôpital. *opitál.* hospital
hors. *or.* fuera, excepto
hors-d'oeuvre. *ordévr.* entremeses
hôte. *ot.* huésped
hôtel de ville. *otél de vil.* ayuntamiento
huile. *uíl.* aceite
huître. *uítr.* ostra

ici. *isí.* aquí
il/ils. *il.* él/ellos
île. *il.* isla
impôt. *empó.* impuesto
ivoire. *ivuár.* marfil
ivre. *ivr.* borracho

jamais. *shamé.* nunca
jambe. *shamb.* pierna
jambon. *shambón.* jamón
janvier. *shanvié.* enero
je. *she.* yo
jeu. *she.* juego
jeudi. *shedí.* jueves
jeun. *shen.* joven
joli. *sholí.* bonito
jouer. *shué.* tocar, jugar
jour. *shur.* día
journal. *shurnál.* periódico
journée. *shurné.* día
juillet. *shuiyé.* julio
juin. *shuén.* junio

jupe. *ship.* falda
jus. *shi.* zumo

la. *la.* la
là. *la.* ahí, allí
lac. *lac.* lago
laid. *lé.* feo
laine. *len.* lana
laisser. *lesé.* dejar
lait. *lé.* leche
laitue. *letí.* lechuga
lampe. *lamp.* lámpara
langage. *langásh.* lengua
langue. *lang.* lengua
lapin. *lapén.* conejo
large. *larsh.* ancho
le. *le.* el, lo, le
leçon. *lesón.* lección, clase
léger. *leshér.* ligero
légume. *leguím.* verdura
lentille. *lantíy.* lentilla
lequel/laquelle. *lekél/lakél.* el/la cual
les. *lé.* los, las
lettre. *letr.* letra, carta
leur/leurs. *le*r. su, sus
librairie. *librerí.* librería
lieu. *lie.* lugar
ligne. *liñ.* línea
liqueur. *likér.* licor
lire. *lir.* leer
lit. *li.* cama
livre. *livr.* libro
locataire. *locatér.* inquilino
location. *locasión.* alquiler
loge. *losh.* palco
loi. *luá.* ley
loin. *luén.* lejos
loisir. *luasír.* ocio
long. *lon.* largo
louer. *lué.* alquilar
lourd. *lur.* pesado
lui. *luí.* él, le
lumière. *limiér.* luz
lundi. *lendí.* lunes
lune. *lin.* luna
lunettes. *linét.* gafas
luxe. *lix.* lujo

madame. *madám.* señora
mademoiselle. *madmuasél.* señorita
magasin. *magasén.* almacén, tienda
mai. *mé.* mayo
main. *men.* mano
maintenant. *mentnán.* ahora
mairie. *merí.* alcaldía
mais. *mé.* pero
maison. *mesón.* casa
mal. *mal.* mal, dolor
malade. *malád.* enfermo

maladie. *maladí.* enfermedad
malgré. *malgré.* a pesar de
mandat. *mandá.* orden, giro
manger. *manshé.* comer
manquer. *manké.* faltar
manteau. *mantó.* abrigo
marchand. *marshán.* comerciante, vendedor
mardi. *mardí.* martes
mari. *marí.* marido
marié(e). *marié.* casado/a
mars. *mar.* marzo
matelas. *matlá.* colchón
matière. *matiér.* material
matin. *matén.* mañana
mauvais. *mové.* malo
mécanicien. *mecanisián.* mecánico
médecin. *medsén.* médico
meilleur. *meyér.* mejor
mélange. *melánsh.* mezcla
même. *mém.* mismo, incluso
mer. *mér.* mar
merci. *mersí.* gracias
mercredi. *mercredí.* miércoles
mère. *mér.* madre
message. *mesásh.* mensaje
messure. *mesír.* medida
métier. *metié.* oficio
mettre. *metr.* poner, meter
meuble. *mebl.* mueble
midi. *midí.* mediodía
mien . *mián.* mío
mieux. *mié.* mejor
milieu. *milié.* medio, centro
minuit. *minuí.* medianoche
moi. *muá.* yo, me, mí
moins. *muén.* menos
mois. *muá.* mes
moitié. *muatié.* mitad
mon. *mon.* ma, mes
monde. *mond.* mundo
monnaie. *moné.* moneda
monsieur. *mesié.* señor
montre. *montr.* reloj
morceau. *morsó.* pedazo
morue. *morí.* bacalao
mot. *mo.* palabra
moustache. *mustásh.* bigote
mouton. *mutón.* cordero
moyen. *muayén.* medio, mediano
mûr. *mir.* maduro

nager. *nashé.* nadar
naissance. *nesáns.* nacimiento
nature. *natír.* naturaleza

ne. *ne.* no
né(e). *né.* nacido/a
néanmoins. *neamuén.* sin embargo
neige. *nesh.* nieve
neiger. *neshé.* nevar
nerf. *ner.* nervio
neuf. *nef.* nueve
neveu. *nevé.* sobrino
nez. *né.* nariz
nièce. *niés.* sobrina
niveau. *nivó.* nivel
Noël. *noél.* Navidad
noir. *nuár.* negro
noisette. *nuasét.* avellana
noix. *nuá.* nuez
nom. *non.* nombre, apellido
nombre. *nombr.* número
non. *no.* no
nord. *nor.* norte
nos. *no.* nuestros/as
notre. *notr.* nuestro/a
nous. *nu.* nosotros
nouveau. *nuvó.* nuevo
nouvelle. *nuvél.* noticia
novembre. *novámbr.* noviembre
nuage. *niásh.* nube
nuit. *nuí.* noche

octobre. *octóbr.* octubre
odeur. *odér.* olor
oeil. *éy.* ojo
oeillet. *eyé.* clavel
oeuf. *ef.* huevo
oeuvre. *evr.* obra
oie. *uá.* oca
oignon. *oñón.* cebolla
oiseau. *uasó.* pájaro
olive. *olív.* aceituna
ombre. *ombr.* sombra
omelette. *omlét.* tortilla
on. *on.* se, uno
oncle. *oncl.* tío
ongle. *ongl.* uña
orange. *oránsh.* naranja
orchestre. *orkéstr.* orquesta
ordre. *ordr.* orden
oreille. *oréy.* oreja, oído
os. *o.* hueso
ou. *u.* o
où. *u.* dónde
oublier. *ublié.* olvidar
ouest. *uést.* oeste
ouvert. *uvért.* abierto
ouvrir. *uvrír.* abrir

page. *pash.* página
paille. *páy.* paja
pain. *pen.* pan
paire. *per.* par, pareja

paix. *pé.* paz
palais. *palé.* palacio
pâle. *pal.* pálido
panne. *pan.* avería
papier. *papié.* papel
Pâques. *pak.* Pascua
par. *par.* por, a, con
parc. *parc.* parque
parce que. *pars-ke.* porque
pardon. *pardón.* perdón
pareil. *paréy.* igual, semejante
parents. *parán.* padres
parfois. *parfuá.* a veces
parfum. *parfén.* perfume
parler. *parlé.* hablar
parmi. *parmí.* entre
parole. *paról.* palabra
partir. *partír.* salir, irse
partout. *partú.* en todas partes
pas. *pa.* no
passage. *pasásh.* paso, pasaje, travesía.
passager. *pasashé.* pasajero
passeport. *paspór.* pasaporte
pâte. *pat.* pasta, masa
pâtisserie. *patiserí.* pastelería
pauvre. *povr.* pobre
payer. *peyé.* pagar
pays. *pe˝.* país
peau. *po.* piel
pêche. *pesh.* melocotón, pesca
peigne. *peñ.* peine
peindre. *pendr.* pintar
peintre. *pentr.* pintor/a
peinture. *pentír.* pintura
pendant. *pandán.* durante
pensée. *pansé.* pensamiento
penser. *pansé.* pensar
perdre. *perdr.* perder
père. *pér.* padre
permis. *permí.* permiso
petit. *petí.* pequeño
peu. *pé.* poco
peur. *per.* miedo
peut-être. *petrétr.* puede ser
printemps. *prentán.* primavera
privé. *privé.* privado
prix. *pri.* precio
prochain. *proshén.* próximo
profiter. *profité.* aprovechar
propos (à ...). *a propó.* a propósito
propre. *propr.* propio,

limpio
prune. *prin.* ciruela
puis. *puí.* después, luego

quai. *ké.* andén, muelle
quand. *kan.* cuando
quantité. *cantité.* cantidad
quart. *car.* cuarto
quartier. *cartié.* barrio
que. *que.* que, qué, cual
quel(le). *kel.* qué, cual
quelconque. *kelkónk.* cualquiera
quelque. *kelk.* alguno/a
quelquefois. *kelkfuá.* a veces
quelqu'un. *kelkén.* alguien, alguno
question. *kestión.* pregunta, cuestión
qui. *ki.* quien/es, que
quitter. *kité.* salir, dejar
quoi. *kuá.* lo que, qué
quoique. *kuák.* aunque

rabais. *rabé.* rebajas
radis. *radí.* rábano
rafraîchissement. *rafreshismán.* refresco
ragoût. *ragú.* guisado
raisin. *resén.* uva
raison. *resón.* razón
rang. *ran.* fila
rappeler. *rapelé.* recordar
rayon. *reyón.* sección
recevoir. *resvuár.* recibir
rechange. *reshánsh.* recambio
reçu. *resí.* recibo
regretter. *regreté.* lamentar
remercier. *remersié.* agradecer
rempart. *rampár.* muralla
rencontrer. *rancontré.* encontrar
rendez-vous. *rande-vú.* cita
reinsegnements. *ranseñmán.* información
repas. *repá.* comida
repasser. *repasé.* planchar
répéter. *repeté.* repetir
réponse. *repóns.* respuesta
repos. *repó.* reposo
ressource. *resúrs.* recurso
rester. *resté.* quedarse
retard. *retár.* retraso
retour. *retúr.* regreso, vuelta
réveiller. *reveyé.* despertar
revoir (au ...). *orvuár.* adiós
rhum. *rom.* ron

rhume. *rim.* resfriado
riche. *rish.* rico
rideau. *ridó.* cortina
rien. *rián.* nada
rire. *rir.* reír
rive. *riv.* orilla
rivière. *riviér.* río
riz. *ri.* arroz
robe. *rob.* vestido
robinet. *robiné.* grifo
roi. *ruá.* rey
roman. *román.* novela
rond. *ron.* redondo
rôti. *rotí.* asado
roue. *ru.* rueda
rouge. *rush.* rojo
route. *rut.* carretera
rue. *ri.* calle

sable. *sabl.* arena
sac. *sac.* bolso
saison. *sesón.* estación, temporada
salade. *saládd.* ensalada
sale. *sal.* sucio
salé. *salé.* salado
salle. *sal.* sala
salut. *salí.* saludo, hola
samedi. *samdí.* sábado
sang. *san.* sangre
sans. *san.* sin
santé. *santé.* salud
sauce. *sos.* salsa
saucisse. *sosís.* salchicha
sauf. *sof.* salvo, excepto
saumon. *somón.* salmón
savoir. *savuár.* saber
se. *se.* se
séance. *seáns.* sesión
sec. *sec.* seco
seconde. *segónd.* segundo
secours. *secúr.* socorro
sécurité. *sekirité.* seguridad
séjour. *seshúr.* estancia
sel. *sel.* sal
selon. *selón.* según
semaine. *semén.* semana
sens. *san.* sentido
septembre. *septámbr.* septiembre
sérieux. *serié.* serio
serviette. *serviét.* servilleta, toalla
ses. *sé.* sus
seul. *sel.* solo
si. *si.* si, tan
siècle. *siécl.* siglo
sien. *sián.* suyo
signal. *siñál.* señal
signer. *siñé.* firmar
silence. *siláns.* silencio
sinon. *sinón.* si no, sino
sirop. *siró.* jarabe

ski. *skí.* esquí
soeur. *ser.* hermana
soie. *suá.* seda
soif. *suáf.* sed
soin. *suén.* cuidado
soir. *suár.* tarde
sol. *sol.* suelo
sole. *sol.* lenguado
soleil. *soléy.* sol
somme. *som.* suma
son/sa/ses. *son/sa/sé.* su, sus
sorte. *sort.* especie, clase
sortie. *sortí.* salida
sortir. *sortír.* salir
soudain. *sudén.* de repente
soulier. *sulié.* zapato
soupe. *sup.* sopa
sous. *su.* debajo, bajo
souterrain. *sutrén.* subterráneo
souvenir. *suvenír.* recuerdo, recordar
spectacle. *spetácl.* espectáculo
sport. *spór.* deporte
sucre. *sicr.* azúcar
sud. *sid.* sur
suivant. *suiván.* siguiente
sur. *sir.* sobre, encima
sûr. *sir.* seguro
surtout. *sirtú.* sobre todo

tabac. *tabá.* tabaco
table. *tabl.* mesa
tableau. *tabló.* cuadro
taille. *táy.* talla
tandis que. *tandí que.* mientras
tante. *tant.* tía
tard. *tar.* tarde
tarte. *tart.* tarta
tasse. *tas.* taza
taxe. *tax.* impuesto
te. *te.* te
tel(le). *tel.* tal
temps. *tan.* tiempo
tente. *tant.* tienda de campaña
terre. *ter.* tierra
tes. *té.* tus
tête. *tét.* cabeza
thé. *té.* té
thon. *ton.* atún
tiède. *tiéd.* tibio
tien. *tián.* tuyo
timbre. *tembr.* sello
tirer. *tiré.* sacar, tirar
toi. *tuá.* tú, te, ti
toilettes. *tualét.* servicios
toit. *tuá.* techo
ton/ta/tes. *ton/ta/té.* tu, tus
tôt. *to.* temprano

toucher. *tushé.* tocar, cobrar
toujours. *tushúr.* siempre
tour. *tur.* torre
tourisme. *turísm.* turismo
touriste. *turíst.* turista
tournée. *turné.* excursión, viaje
tout. *tu.* todo
toux. *tu.* tos
traduire. *traduír.* traducir
train. *tren.* tren
trajet. *trashé.* trayecto
tranche. *transh.* loncha, rebanada
travail. *traváy.* trabajo
traverser. *traversé.* atravesar
très. *tré.* muy
tromper. *trompé.* equivocar
trop. *tro.* demasiado
trottoir. *trotuá.* acera
trou. *tru.* agujero
trouver. *truvé.* encontrar
truite. *truít.* trucha
tu. *ti.* tú

un(e). *en/in.* un/a
usage. *isásh.* uso
usine. *isín.* fábrica
vacances. *vacáns.* vacaciones
vaccin. *vaksén.* vacuna
vague. *vag.* ola
vaisselle. *vesél.* vajilla
valise. *valís.* maleta
veau. *vo.* ternera
vélo. *veló.* bicicleta
vendre. *vandr.* vender
vermicelle. *vermisél.* fideo
verre. *ver.* cristal, vaso, copa
vert. *vér.* verde
veste. *vest.* chaqueta
vestiaire. *vestiér.* guardarropa
veuf. *vef.* viudo
viande. *viánd.* carne
vide. *vid.* vacío
vie. *vi.* vida
vieux. *vié.* viejo
village. *vilásh.* pueblo
ville. *vil.* ciudad, población
vin. *ven.* vino
vinaigre. *vinégr.* vinagre
visa. *visá.* visado
visage. *visásh.* cara
vite. *vit.* deprisa, veloz
vitesse. *vités.* velocidad, rapidez
vivre. *vivr.* vivir

voici. *vuasí.* aquí
voie. *vuá.* vía
voilà. *vualá.* ahí, allí
voir. *vuár.* ver
voisin. *vuasén.* vecino
voiture. *vuatír.* coche
voix. *vuá.* voz
vol. *vol.* vuelo, robo
voler. *volé.* volar, robar
volontiers. *volontié.* con mucho gusto
vos. *vo.* vuestros/as
votre. *votr.* vuestro/a
vouloir. *vuluár.* querer
vous. *vu.* vosotros
voyage. *vuayásh.* viaje
voyager. *vuayashé.* viajar
voyageur. *vuayashé.* viajero
vrai. *vré.* verdad
vraiment. *vremán.* de verdad
vue. *vi.* vista

y. *i.* ahí, allí
yeux. *ié.* ojos

COLECCIÓN GUÍAS DE CONVERSACIÓN

TÍTULOS PUBLICADOS

ESPAÑOL - INGLÉS
INGLÉS - ESPAÑOL

ESPAÑOL - ALEMÁN
ALEMÁN - ESPAÑOL

ESPAÑOL - FRANCÉS
FRANCÉS - ESPAÑOL

ESPAÑOL - RUSO
RUSO - ESPAÑOL